W0418551

[ Emil Orlik, Portraitzeichnung Julie Elias, publiziert 1924 ]

Ursula Hudson-Wiedenmann

# ›*Meisterwerke für uns'ren Gaumen*‹
## Max Liebermanns Geselligkeit und feine Küche

vacat verlag

# Vorwort

Der große deutsche Maler Max Liebermann war kulinarischen Genüssen nicht abgeneigt. Er verstand ganz im Sinne des Lord Byronschen Verses »*All human history attests, | That happiness for man, – the human sinner! | Since Eve ate apples, much depends on dinner*«[1], die Bedeutung einer guten Mahlzeit als einen Akt der Kultur: Ein gutes Essen im Kreise von Freunden und Familie ist mehr als Befriedigung des Nahrungsbedürfnisses; es schafft Vertrauen und Identität, es befördert den geselligen Austausch, beflügelt Gespräch und Gedanken – und macht glücklich!

Dass der Tisch bei Liebermanns in Berlin oder am Wannsee ein besonders guter war, das war unter den Zeitgenossen kein Geheimnis, auch wenn wir heute diese Seite des Malers kaum kennen. Doch bei Liebermanns geladen zu sein, verhieß Gaumenschmaus und Augenweide.

Die Wertschätzung guter Küche teilte Max Liebermann mit zahlreichen Freunden und Kollegen, wie zum Beispiel dem Direktor der Hamburger Kunsthalle Alfred Lichtwark, der Max Liebermann bei der Anlage des Gartens zum Haus am Wannsee beraten hat, oder dem in Berlin wirkenden Kunsthistoriker Robert Dohme, dessen Gattin, Emma Dohme (1854–1919), die »Meisterin der damaligen hohen Kochkunst«[2], für ihren wöchentlichen kulinarischem ›Jour Fix‹ berühmt war, zu dem dienstags über Jahre hin Maler und Künstler zusammenkamen.[3]

Eine außergewöhnliche und gut dokumentierte kulinarische Freundschaft bestand zwischen Max Liebermann und dem Ehepaar Elias. Der 1861 geborene Nordist, Sammler, Kunsthistoriker und Liebermann-Herausgeber Julius Elias war wie seine Frau Julie, die bekannte Mode- und Kulturjournalistin, eng mit dem Ehepaar Liebermann befreundet. Julie und Julius Elias waren höchst kultiviert, vielgereist und ausgewiesene Kenner der französischen

Küche. Die Ehepaare Liebermann und Elias hatte viele Freunde gemeinsam, die sie mit kulinarischen Genüssen verwöhnten. Julie Elias hatte schon zu Lebzeiten ihren Ruf als Kochkünstlerin durch Rezeptpublikationen und der Veröffentlichung von Kochbüchern befestigt. Ihr Erfolgsbuch von 1925, KOCHKUNST. EIN FÜHRER DURCH DIE FEINE KÜCHE, das auch unter dem Titel DAS NEUE KOCHBUCH erschien, widmete sie dem Freund Max Liebermann.

Die darin enthaltenen Rezepte vermitteln uns heute eine Vorstellung davon, was bei Liebermanns und beim Ehepaar Elias aufgetischt wurde. Die Tatsache daß manche Kochanleitungen aus dem engeren Freundeskreise stammen, macht die Rezeptsammlung von Julie Elias um so interessanter, als sie einen Einblick in die kulinarische Geselligkeit dieses Kreises erlaubt; die gastfreundliche heitere Atmosphäre dieser Anlässe spiegelt insbesondere die von den Künstlerfreunden gelegentlich beigetragene graphische Behandlung des Themas Essen. Und so entsteht aus den hier abgedruckten Rezepten in Verbindung mit zum Teil erstveröffentlichten Korrespondenzen und Erinnerungen, sowie zeitgenössischen Illustrationen ein Bild der künstlerischen Geselligkeit um Max Liebermann – sozusagen aus dem Geist der Kochkunst.

Die hier versammelten Rezepte stellen eine kleine Auswahl der Rezepte von Julie Elias dar. Sie sind orginalgetreu wiedergegeben und nicht an gegenwärtige Kochgewohnheiten angepasst. Die Gerichte sind mehrheitlich einfach nachzukochen und wohlschmeckend. Die Mengenangaben beziehen sich, wenn nicht extra angegeben, auf ungefähr vier bis sechs Personen. Die Kochzeiten sind flexibel zu handhaben. Zur Zubereitung dieser Gerichte ist nicht mehr als etwas Erfahrung und Lust am Kochen von Seiten der Leserin oder des Lesers erforderlich.

[ Max Liebermann, Portrait Julie Elias, Öl auf Leinwand 1914 ]

# *›Meisterwerke für uns'ren Gaumen‹*
## Garten, Küche, Kunst und kulinarische Geselligkeit

*»Sehr verehrte, gnädige Frau,*
*ich danke Ihnen verbindlichst für das Kochbuch, das mir Ihr Gatte heut früh überbrachte: daß Sie es mir gewidmet haben, ist mir eine sehr große Freude. Ich werde es mit Andacht lesen (augenblicklich studirt es meine Frau) und hoffentlich was daraus lernen.*

*Schon als Knabe, wenn etwas beim Mittagessen nicht ganz in Ordnung war, warf mir meine Mutter einen verständnisvollen Blick zu u, nachdem wir das damals übliche »gesegnete Mahlzeit« gesagt hatte[n], meinte sie: »Du hast ganz Recht, das u das war nicht gut.« Freilich sagt man, daß der Fresser nicht geboren, sondern zum Fresser erzogen wird. Ich scheine zum Gourmet »prudestiniert« [sic!] zu sein. Doch dem sei, wie ihm wolle: an einer guten Mahlzeit habe ich große Freude.*
*Kunst u Natur sei auch im Essen eines nur: die matière première muß gut sein, aber nur die Kunst kann aus ihr das Meisterwerk für uns'ren Gaumen machen.*

*In seinem Tagebuch aus Braunschweig, sagt Stendahl [sic!], daß die Deutschen ausgezeichnete Menschen seien, aber sie tränken Bier statt Wein: Hätten wir statt Kommisbrot Weißbrot gegessen, hätten wir vielleicht den Krieg nicht angefangen!*

*In Deutschland verstehn nur die Juden zu essen und die jüdische Küche hat die meiste Ähnlichkeit mit der italienischen, aus der erst die französische hervorgegangen ist. Es lebe die koschere Küche! Und mit diesem Rufe will ich schließen.*

*Möge Ihr Kochbuch recht viele Auflagen erleben (für die nächste haben wir schon ein Rezept für Zubereiten von Apfelreis) u mit nochmaligem Danke u freundlichen Grüßen von Haus zu Haus*
*Ihr sehr ergebener*
*Max Liebermann«*[4]

So geistreich und weitläufig über das Wesen der Küche, über den Zusammenhang von Essen und Nationalbefindlichkeit reflektierend bedankte sich Max Liebermann bei der langjährigen Freundin Julie Elias am 5. Dezember 1925 für das ihm gewidmete Kochbuch. Er, der große Gesellschaften eher anstrengend fand und am liebsten für sich mit seiner Arbeit war, aß gern und hatte ein sehr sinnliches Verhältnis zum Essen. Schon seine Mutter soll ihn wegen seiner angeblichen ›Feinschmeckerei‹ geneckt und damit den Anlass zu seiner ersten malerischen Auseinandersetzung mit dem Thema Essen geliefert haben, dem Selbstbildnis mit Küchenstilleben von 1873 auf dem er sich, grade einmal fünfundzwanzig Jahre alt, humorvoll als verschmitzt lächelnder junger Koch mit weißer Kochmütze darstellte, der hinter einem Tisch steht, auf dem sich Lebensmittel und ein großer Kupfertopf befinden: Kohl, Karotten, ein Huhn mit Koscherzettel, Artischocken und Zitronen. Die ›Zutaten‹ verraten dem aufmerksamen Betrachter zum einen den hohen Stellenwert, den Liebermann, wie schon im Dankesbrief an Julie Elias angesprochen, der jüdischen Küche beimaß, zum anderen aber, daß der aus wohlhabendem Hause stammende Max Liebermann eine unmittelbare Freude an den Rohprodukten der Küche hatte und offenbar die Einfachheit in der Küche zu schätzen wusste.

Diese Wertschätzung des Einfachen und Schlichten einerseits und der gemeinsame, gesellige Genuß andererseits machen das ganz Besondere an Max Liebermanns Einstellung zum Essen aus. »Er war fast ständig in seinem Atelier in der Landwehrstraße anzutreffen und ging nur zum Essen in die kleine Gastwirtschaft von Abenthum, in der er mit anderen Künstlern zusammen den üblichen Nieren- oder Schlegelbraten für 60 oder 70 Pfennige verzehrte und Münchner Bier trank – aber nicht solche Mengen, wie die Münchener gewöhnt sind. Wenn vom Berliner Elternhause irgendwelche Leckerbissen oder eine Kiste Wein eintrafen, wurden gute Freunde eingeladen und gemeinsam das Gute verspeist.«[5]

Max Liebermann nahm Essensakte und alles was damit zusammenhängt, der Zutaten, ihren Verkauf auf Märkten, ihre Transformation in Gerichte in der Küche und ihren Verzehr als kulturellen Akt wahr. Ausdruck findet diese holistische Auffassung vom Essen in Briefzeugnissen des Malers und Korrespondenzen mit Freunden und Kollegen, in den zahlreichen Darstellungen von Essensszenen im Freien, von Orten kulinarischer Geselligkeit wie Restaurants und Biergärten, von Viktualien, insbesondere aber von Märkten und Gärten in seinem malerischen und zeichnerischen Werk. Sein eigener Garten am Wannsee ist ab 1910 immer wieder Gegenstand seines malerischen Interesses.[6] Der »Landsitz war,« so schreibt Erich Hancke, »sein Stolz [...] Er führte den Gast durch Haus und Garten, zeigte ihm seine blühenden Pfirsichbäume, seinen Spinat, seine Bohnen, seine Artischoken.«[7]

[ Max Liebermann, Kaffee im Park, Holzstich ]

Liebermanns Freund, der Direktor der Hamburger Kunsthalle Alfred Lichtwark hatte entscheidende Anstöße bei der Planung des Gartens gegeben. Mit Lichtwark verband den Maler eine langjährige Freundschaft, die von ihren Anfängen bis in die späten Jahre auch von der Liebe zum Essen und Trinken geprägt war; da verlangte der Maler nach dem Rezept der ihm wohl mundenden Roten Grütze, einem in Norddeutschland beliebten Sommergerichte[8] oder er schickte dem erkrankten Freund große Weine: »Ich habe mir erlaubt, Ihnen gestern 5 Fl. Château Lafitte zu senden, deren ich 24. Fl. von meinem alten Freund Spitzer aus Paris zum Geschenk erhalten hatte u der sie wieder von Rothschild selbst vor langen Jahren bekommen hatte. Alter Bordeaux ist bekanntlich die Ammenmilch für die fortgeschrittenen Semester: möge der Wein Sie kräftigen, wie er mich gekräftigt hat, als ich vor 3 oder 4 Jahren auch nach einer Operation sehr herunter war. Jedenfalls wüßte ich ihm keinen besseren Zweck.«[9]

Lichtwark hatte dem künftigen Hausherrn schon während der Arbeiten am Garten der Villa am Wannsee vorausgesagt, er werde den Gemüsegarten noch sehr lieb gewinnen. Damit sollte er Recht behalten, denn der »Salon de verdure« brachte die von Liebermann so geschätzten Zutaten für die Küche: »lauter Gemüse u Früchte«[10]. Gemüse und Salat galten ihm als Indikator für den Zivilisationsgrad einer Region. Beim Besuch des jungen Kunsthistorikers Ernst Benkard im Atelier am Pariser Platz, dessen Buch über das Selbstbildnis, Das ewige Antlitz (1927) Max Liebermann außerordentlich beeindruckt hatte, äußerte sich der Maler dazu. Anlass war ein Gespräch über die Herkunft Ernst Bernkards, der aus Frankfurt am Main stammte: »Aus dem Westen also, det is jut, da jibt's viel Jemise un Salat zu essen. Ick sage immer, wo det Salatessen anfängt, bejinnt de Kultur. Hier in Berlin fressen se viel zu viel Fleisch.«[11]

Bei der Planung des Gartens schlug Lichtwark vor, an der Küchenmauer Kirschen zu pflanzen und dies offenbar nicht nur aus ästhetischen und kulinarischen Gründen, sondern auch wegen der gesundheitlichen Vorzüge der Schattenmorellen. »Mir würde, glaube ich, eine Spalierwand mit Schattenmorellen besser gefallen. Und es wäre etwas Märkisches, im Frühling die Wand mit weißen Blüten zu sehen und im Sommer die Ueppigkeit der Früchte. Die Mark ist ja gerade ein Morellenland. Wenn Sie die schönsten Sorten aussuchen, haben Sie das ganze Jahr Ihren Spaß dran. Denn das herbe Aroma geht über allen Wohlgeschmack

[ Max Liebermann, Menükarte zum 70. Geburtstag von Henrik Ibsen 1898 ]

der Kirsche und das Compot ist das bekömmlichste, Medicin fürs Blut. Solche eine Mauer Morellen giebt jedes Jahr eine Fruchtkur für die ganze Familie.«[12]

Sichtbar werden an der Anlage und der Bepflanzung des Nutzgartens die kulinarischen Präferenzen der Familie und die Wandlungen des Gartens, die er infolge der sich verschlechternden Versorgung der Bevölkerung mit Lebensmitteln während des Ersten Weltkriegs erfuhr. Die Auflassung der Rasenflächen vor dem Haus und ihre Bepflanzung mit Kohl und Kartoffeln indiziert die zunehmende Bedeutung der Selbstversorgung, die wie auch gelegentlicher Tauschhandel – in der Regel Bilder oder Zeichnungen gegen Nahrungsmittel – und die Lebensmittel-Zuwendungen von Freunden während der entbehrungsvollen Kriegsjahre immer wichtiger wurde.

Darüber berichtet Max Liebermann in einem Brief vom 4. Mai 1917 an den Kunstsammler Heinrich Kirchhoff, den er vermutlich während eines Kuraufenthaltes in Wiesbaden im Herbst 1915 kennen gelernt hatte. »Die drei Gravensteiner sind glücklich angekommen und bereits gepflanzt: ich danke Ihnen verbindlichst für die freundliche Besorgung. Zwar werde ich kaum noch erleben, daß sie Früchte tragen, aber meine Nachkommen werden sich daran erfreuen können. – Sonst habe ich statt Gravensteiner Äpfel – Erdäpfel, d.h. Kartoffeln gebaut und dazu Gemüse, Kohl, u. sonstiges Eßbare, denn wer weiss, wie lange der Krieg noch dauert. Allerdings glaubt Mancher, daß im Herbst Frieden werden wird, aber wer weiß, was dann kömmt. Jedenfalls sollte jeder seinen Kohl pflanzen.«[13]

Und wie Heinrich Kirchhoff halfen auch andere Freunde in den schwierigen Jahren die Versorgung mit Lebensmitteln, Rohstoffen zur Vorratshaltung aufzustocken. Fleisch, Wild und Grundnahrungsmittel wie Zucker zum Einmachen, Butter und Mehl zum Backen waren auch bei Liebermanns begehrt. »In dieser Zeit ist an Zucker – aber nur weißem in der Wirtschaft sehr großer Mangel, da man ohne ihn keine Früchte einmachen kann. Daher ist jedes Quantum von weißem Zucker erwünscht. Ebenso Weizenmehl und vor allem Butter«, schrieb der Maler im Juli 1917 an den Kunstsammler Samuel Rosenthal, der auch in den folgenden Kriegsjahren ab und an begehrte Köstlichkeiten wie Rebhühner, Rind- und Kalbfleisch zur Freude Liebermanns zu beschaffen wusste.[14] Wie willkommen solche Freundesgaben waren wird in zahlreichen Briefen deutlich zum Ausdruck gebracht, so in dem folgenden an den Kunsthistoriker Adolf Goldschmidt:

[ Max Liebermann, Wannseegarten mit Kohlfeld, Pastell, 1916/17 ]

*»Lieber Herr Geheimrat,*
*wir haben nämlich zu übermorgen eine – Rehkeule, wozu wir Sie mit Ihrer Nichte wollten einladen. Zu unsrem Bedauern erfahren wir, daß Sie schon abgereist sind, was ich doppelt bedaure, 1) weil wir nun die Rehkeule allein essen müssen 2) weil ich Ihnen nun schriftlich für das auf ein Jahr ausreichende Feuer danken muß. Ich habe es freilich schon an meinem Geburtstage, als Sie mir die frohe Kunde von Ihrem Geschenke machten, gethan, aber wegen der vielen Leute nicht ordentlich. Ich wiederhole also meinen Dank optima forma und ich wünsche mir, daß Sie mir noch recht oft in multos annos Feuer – das man um so nöthiger hat, je älter man wird – spenden mögen. Wenn mich meine klassische Bildung nicht täuscht, brachten die Vestalinnen früher das Feuer, aber für meine vorgerückten Semester paßt ein männlicher Feuerbringer besser. Also wollen wir es beim Hergebrachten bewenden lassen. –*

*Ihre Küchenfee verrieth nicht Ihre Adresse: Ihr gegenwärtiger Aufenthalt ist mir also unbekannt. Hoffentlich treffen sie diese Zeilen in guter Gesundheit u bei ausreichender Beköstigung. Dessen muß man sich bei Reisen vorher vergewissern u ich habe Pauli'n (für dessen Kunsthalle ich Bülow und Ballin malen soll) geschrieben, daß er die Ernährungsfrage vorher regeln müßte. Es wäre nett, wenn ich Sie in Hamburg träfe. Schreiben Sie mir doch ›aus dem Felde‹, wann Sie dort sein werden.«*[15]

Ein Mahl in guten wie in schlechten Zeiten bringt Menschen zusammen und schafft Augenblicke des individuellen wie des gemeinsamen Genusses; es ist aber auch Ausdruck der Persönlichkeit, Teil des Lebensstils, und Mahlzeiten strukturieren den Tagesablauf: »Bei mir geht alles nach der Minute«, sagte der Maler von sich selbst: »Aufsteh'n – Frühstück, – Mittag, – Abendbrot, – immer pünktlich!«[16]

Selbst große Zeiträume, ein Leben, erfahren ihre Prägung durch den gedeckten Tisch, den Familientisch, der Tafel der wiederkehrenden oder einmaligen Feste, an dem sich immer Familie, Freunde, Gleichgesinnte und andere zusammenfinden. »Im Hause Liebermann zu essen, war ein großes Vergnügen«, schreibt der berühmte Chirurg Ferdinand Sauerbruch in seinen Erinnerungen an Max Liebermann, »Mit Recht galt er als ein großer Feinschmecker. Spargel à la Liebermann war ein unübertroffenes Glanzstück des Hauses.«[17] Der ausgezeichnete Ruf des Tisches bei Liebermanns ging sicherlich zum einen auf den Geschmack des Hausherrn zurück, der,

[ Max Slevogt, Menükarte für Max Liebermann 1927 ]

obwohl er selbst sehr moderat aß, nie »über den Durst trank«, auch nie »jovial im Wirtshaus oder am Eßtisch über die Mahlzeit hinaus« saß doch ein »anspruchsvoller Gast an der eigenen Tafel« war.[18] Zum andern trug die Gattin Martha, die die Wünsche und Vorstellungen ihres Mannes umsetzte, als Gastgeberin und Vorsteherin der Küche dazu bei, dass Freunde und Gäste sich gerne bei den Liebermanns zu Tisch einfanden. Dass es dabei manchmal auch ziemlich drollig zugehen konnte, zeigen die Erinnerungen von Hans Wolff: »Normalerweise aber spazierte man mit ihm in seinem Garten herum oder hielt sich oben in seinem kleinen Atelier auf, bis man zum Tee gerufen wurde. Bei schönem Wetter wurde dieser auf der Veranda eingenommen, bei kühlerem in dem Damenzimmer neben dem Salon. Dort saßen wir eines Tages. Liebermann und ich mit unseren Frauen. Luise fährt den Teewagen herein und serviert. Liebermann sitzt behaglich, aber kein Wort redend, in seinem tiefen Lehnsessel. Da steht Frau Liebermann auf, um meiner Frau eine frische Tasse Tee einzugießen. ›Du bist doch keine Hebe!‹ kommt es, jede Silbe scharf betonend, aus dem von weißen Zähnen blitzenden Mund des Hausherrn. ›Aber Max, ich werde doch wohl noch meinen Gästen Tee einschenken dürfen.‹ ›Dazu ist die Luise da!‹ Da unterbrach Frau Liebermann das Eingießen, wandte sich unwillig ihrem Manne zu und sagte: ›Weißt du, Max, es war zwar eine Ehre, aber kein Vergnügen, mit Dir verheiratet gewesen zu sein.‹«[19]

Julie und Julius Elias nahmen in diesem Umfeld »einen besonderen Platz« ein, wie Tilla Durieux, die berühmte Schauspielerin, Ehefrau des Kunsthändlers und Liebermann Freundes Paul Cassirer, schreibt. »Er, ein bedeutender Germanist, war der Übersetzer Ibsens und Björnsons und befaßte sich auch mit Kunstkritik. Er hatte das Unglück, mit einem Fußleiden von Geburt an belastet zu sein, so daß er sich nur trippelnd von der Stelle bewegen konnte. Diese Unbeweglichkeit war wahrscheinlich die Ursache für einen massigen Körper. Sein Gesicht mit den großen, ewig erstaunt fragenden Augen wurde durch einen mächtigen schwarzen Schnurrbart verziert. Er war ein großer Hypochonder, bildete sich immer ein, immer an irgendeiner Krankheit zu leiden, ließ sich aber dadurch in seinem starken Appetit nicht stören. Seine Küche war in Berlin bekannt. Julie, die mich anfangs nur gezwungen duldete, denn sie schwärmte für P.C. [Paul Cassirer], war eine Kochkünstlerin. Ihr Kochbuch, das sie herausgab, ist voller ausgezeichneter Rezepte und wurde von mir oft zu Rate gezogen. Sie war eine sehr intelligente Frau, schrieb im Berliner Tageblatt über Mode und plauderte über allerlei Gesellschaftliches.«[20]

Die Freundschaft zwischen den Ehepaaren Liebermann und Elias war vom gemeinsamen Interesse an Kunst, aber auch von der Leidenschaft für gutes Essen geprägt. Befand man sich nicht gemeinsam in Berlin, so informierte man sich gegenseitig über Menüs und Essen an anderen Orten und Tischen, oder man schickte sich Wein, Zigarren, ja besondere Köstlichkeiten zu.

*»Wannsee 24 große Seestraße 21/7 20*
*Lieber Herr Dr Elias,*
*ich danke Ihnen verbindlichst für Ihre u Ihrer Gattin freundliche Gratulationen zu meinem 74sten – schreibe vier u siebzigsten – Geburtstage. Und grade kömmt Ihre Karte aus Tutzing an mit dem Menu Ihres Ankunftsessens: da kann ich mich nicht enthalten – schlägst du meine Juden,*
*schlag, ich deinen Juden – Ihnen unser gestriges Menu mitzutheilen*

*Le 20 Juillet*
*une tranche de melon*
*potage printanier*
*legumes*
*Artichocs*
*petits pois*
*Roti*
*Poulets Salades*
*Rix aux pêches.*

*Dazu französischen Champagner, den mir Herr Scharff aus London gespendet hatte: was ich Ihnen nicht schreiben würde, wenn ich Sie nicht als wahrhaft guten Menschen kennte, dem vielleicht das Wasser im Munde beim Lesen zusammenläuft, im Übrigen mich aber ob dieses stolzen Menus mich nicht beneidet. Aber das Beste: während der 2 Stunden bei Tische – ich habe den Cognac u dazu Ihre Cigarren aus Hamburg Stück 17 Mk 50 vergessen – vergaßen wir der gegenwärtigen Misere, die wir unser 7 oder 8 zusammen tafelten. Schade, daß Sie nicht dabei waren, denn unser Chef de cuisine hatte sich selbst übertroffen. Dazu herrlichstes Wetter u meine Frau toaste in wohlgesetzten Worten u – gratulierte sich zu ihrem Gatten: was man Alles erlebt, wenn man so alt wird.*

*Doch eben sehe ich, daß ich das Wichtigste vergaß: mich für das gespendete Papier, das allerdings noch in Berlin lagert, zu bedanken u für die Cigarren, die Sie mir aus München in Aussicht stellen. Sie sind die reine Vorsehung. Also 1000 Dank u mit besten Grüßen auch an Ihre Frau Gemahlin von uns Beiden*

*Ihr sehr erg*
*Max Liebermann*«[21]

Zu den genießerischen Zusammenkünften, wie Julie Elias die kulinarisch geselligen Treffen des Freundeskreises nannte, trafen sich zahlreiche herausragende Künstler der Zeit. Musiker, Schauspieler, Schriftsteller und bildende Künstler, wie Max Slevogt, Karl Walser, Lovis Corinth und Emil Orlik, auch diejenigen, die der Freien Bühne Otto Brahms angehörten, oder die mit Max Reinhardt arbeiteten und viele, die im Hause des Verlegers Fischer verkehrten, darunter das Ehepaar Gerhart Hauptmann. Sie alle fanden sich immer wieder neu als frei schwebende Gruppe kulinarisch Gleichgesinnter zusammen. Man schätzte elegantes, genussvolles Essen, anregende geistvolle Gespräche und wertete die ganz besonderen Zusammenkünfte künstlerisch mit illustrierten Menükarten und anderer kulinarisch inspirierter Gelegenheitsgrafik zum Gesamtkunstwerk aus dem Geist der Kochkunst auf.

Was diese kulinarisch Gleichgesinnten um Max Liebermann und das Ehepaar Elias verband, war eine ausgeprägte verfeinerte Sinnlichkeit, die als unerlässliche Voraussetzung einer guten Küche, eines guten geselligen Mahls betrachtet wurde. Der entwickelte sinnliche Geschmack galt in diesem Kreis als die conditio sine qua non, und die Befähigung zum wirklichen Schmecken dessen, was auf dem Teller lag, wurde dementsprechend hoch geschätzt, ja sogar einer differenzierten Kunstwahrnehmung gleichgestellt. Max Liebermann vertrat die Auffassung, dass sich im Mahl ebenso Natur und Kunst vereinigen, wie sie es auf der Leinwand tun. »Kunst u Natur sei auch im Essen eines nur: die matière première muß gut sein, aber nur die Kunst kann aus ihr das Meisterwerk für uns'ren Gaumen machen.« Hierin liegt die Wurzel der Wertschätzung des Malers für das einfache Gericht, das, wenn es denn aus qualitativ hochwertigen Zutaten besteht und durch verfeinerte, kreative Kochkunst hervorgebracht ist, dem Feinschmecker zur Freude gereicht. Ebenso wie »ein Bund Spargel, ein Rosenbukett für ein Meisterwerk« genügt, »ein häßliches oder ein hübsches Mädchen, ein Apfel oder ein mißgestalteter Zwerg: aus

[ Emil Orlik, Aquarell, publiziert 1924 ]

allem läßt sich ein Meisterwerk machen, allerdings mit dem nötigen Quantum Phantasie; sie allein macht aus dem Handwerk ein Kunstwerk.«[22] Damit aus dem Handwerk der Küche Meisterwerke für den Gaumen werden, muss Julie Elias zufolge, die Gastronomie für eine Kunst hielt, bei der »der Dirigent der Küche [...] geistige Überlegenheit und Inspiration« hat,[23] Koch oder Köchin wie auch der der Künstler immer wieder üben: »Im übrigen verhält es sich mit dem Kochen wie mit jedem anderen künstlerischen Beruf: nur durch Übung gelangt man zur Bewährung, nur durch handwerkliche Tätigkeit zur Meisterschaft. Die Vorbedingungen zur guten Küche sind also zunächst moralische Eigenschaften: Fassung, Ruhe, Geduld, Übersicht, Sinn für sorgfältige Zubereitung.«[24]

Die von Julie Elias und Max Liebermanns geteilte Freude am guten Essen und der gemeinsamen Auffassung von Kochen als Kunst und Lebenskunst machte sie beide zu besonderen Verbündeten. Im Geiste dieser kulinarischen Freundschaft hat sie Rezepte für ihn in der KOCHKUNST versammelt und so ein Dokument der kulinarischen Freundschaft mit dem großen Maler und Genießer hinterlassen.

[Julius Elias in seinem Arbeitszimmer vor dem Portrait seiner Frau von Max Liebermann]

Am Großen Wannsee

# Die Suppen

*Von Suppe leb, ich, nicht von Rednerei.*

Molière

## *Frühlingssuppe*

(Suppe Printanière)

Zwei Köpfe grüner Salat, etwas Sauerampfer, vier Bund Kresse, Portulak, Trittmadam [Tripmadam]. Diese Kräuter werden eine Minute gebrüht. Man setzt etwas Weißbrot mit Butter in einer Kasserolle an, schneidet die Kräuter hinein und fügt soviel Wasser hinzu, wie man Suppe braucht. Läßt das Ganze gut mitkochen und streicht es vier- bis fünfmal durch ein feines Suppensieb. Dann wird ein Pfund Spinatmasse gleichfalls durch das Sieb getrieben und wiederholt mit der Suppe durchgestrichen. Vor dem Anrichten wird etwas Milch (Sahne) hineingemischt.

## *Suppe Julie Elias*

Eine gebundene braune Wildsuppe, kräftig gehalten, wird beim Passieren durch das Sieb, mit abgeriebenen Orangenschalen, etwas Colmans Senf, Orangensaft und Johannisbeergelee gewürzt. Vor dem Servieren wird die Suppe mit etwas Moselwein und Curaçao abgeschmeckt und im Teller mit rohen Orangenfilets heiß angerichtet. Die Suppe soll nicht zu süß und nicht zu scharf, sondern angenehm pikant schmecken.

## *Crème von Mohrrüben*

Man brüht zweihundert Gramm Fadennudeln ab, läßt sie abtropfen, schüttet sie in eine Kasserolle, bedeckt sie mit Bouillon, rührt ordentlich um, damit sich keine Klümpchen bilden können, und läßt das Ganze auf einer Ecke des Herdes eine halbe Stunde kochen. Dann bereitet man Karottenpüree, schüttet die Nudelmasse darauf und serviert.

## *Spargelpüreesuppe mit Einlage von Spargelköpfen*

(für vier Personen)

Ein Pfund weißen Spargel in Stücke schneiden in Salzwasser oder Fleischbrühe kochen, nach dem Kochen die Köpfe abschneiden und beiseite stellen. Den übrigen Spargel zu Püree durchpassieren. Eine helle Mehlschwitze mit der Brühe aufkochen, etwas Fleischextrakt hinzufügen und zuletzt die Spargelköpfe. In der Terrine ein Eigelb mit zwei bis drei Löffel Kaffeesahne oder geschlagener Sahne mischen. Die Suppe daraufgießen.

## *Erdartischockensuppe*

(für vier Personen)

Ein Pfund Kartoffeln und ein Pfund Erdartischocken (Topinamburs) schälen, waschen, in kochendes Salzwasser werfen dreiviertel Stunde kochen lassen, während des Kochens Porree(Lauch-)scheiben, Zwiebelringe und gehackte Petersilie hinzufügen. Alles durchs Sieb treiben. Etwas Fleischbrühe oder laue Milch dazugießen. Beim Anrichten geröstete Weißbrotscheiben auf den Boden der Terrine legen.

## *Selleriecrème*

Findet in meinem Hause viel Beifall, ist eine ziemlich einfache und sehr schmackhafte Suppe. Sellerieköpfe werden in Scheiben geschnitten und blanchiert. Man läßt die Scheiben abtropfen, dämpft sie in Butter, füllt Bouillon auf und fügt Kartoffeln zum Binden bei. Wenn die Masse langsam gar gekocht ist, streicht man sie durch das Sieb und macht sie mit Butter fertig.

## *Gesandtensuppe*

(Suppe Ambassadeur)

Man dünstet anderthalb Pfund frische grüne Erbsen in Butter und einer Prise Zucker weich und streicht sie durch ein feines Sieb. Inzwischen werden dreißig Gramm Butter mit fünfzig Gramm Mehl leicht angeschwitzt und mit anderthalb Liter Bouillon aufgefüllt. Mit dieser Suppe wird das Erbsenmus glattgerührt; alles muß zehn Minuten an der Seite kochen. Gleichzeitig schneidet man zwei Hände voll Sauerampfer und Salatblätter in feine Streifen und dünstet sie mit wenig Wasser in zugedeckter Kasserolle. Auch läßt man zwei Eßlöffel Reis in reichlichem Salzwasser ausquellen. Die abgeschäumte Suppe wird vom Herd genommen, mit einem Löffel Butter und etwa Extrakt abgezogen und durch die gedünsteten Blätter und den Reis vermehrt.

## *Ochsenschwanzsuppe*

Kalbs- und Rindsknochen werden mit Wasser und einem starken Zusatz von Porree, Sellerie, Zwiebeln, Karotten, Thymian und Lorbeerblatt aufgesetzt. Abfetten. Hinzugefügt wird der blanchierte und in Stücke geschnittene Ochsenschwanz. Sorgfältig abschäumen, damit der Fond klar bleibt. Ist der Ochsenschwanz vollständig gar, so legt man ihn in eine andere Kasserolle und füllt ein wenig von seiner Bouillon auf. Der Rest der Bouillon wird durchpassiert, geklärt – wenn es nötig ist – mit magerem Rindfleisch. Dann bindet man die Bouillon leicht mit Kartoffelmehl und parfümiert mit Kräutern, die in Madeira oder Sherry aufgekocht wurden. Der Ochsenschwanz wird extra serviert und mit Karotten, Rüben und Sellerie garniert.

# Eierspeisen – Vorgerichte

*Das Ei ist der Proteus der Küche.*

## *Omelette mit Champignons*

Generalrezept für die Omelettezubereitung: Man zerklopft Eier in einen Topf, fügt etwas Salz, Pfeffer und Sahne hinzu und mischt alles schnell und kurz mit dem Schneebesen. In einer Pfanne, die nur für die Omelettes bestimmt ist (das ist das Wichtigste für die Omelettezubereitung), läßt man auf hellem Feuer Butter zergehen, schüttet die Eier hinein und schlägt sie gegen die Mitte hin mit dem Schneebesen, als ob man Rühreier bereite. Wenn eine gewisse Konsistenz erreicht ist, hört man mit dem Schlagen auf und läßt die Omelette zur Goldfarbe anbräunen. Für den vorliegenden Fall werden die in weißer Sauce gedämpften Champignons in die Mitte gelegt und die Omelette mit einem Metalllöffel übereinander geschlagen. Die Omelettepfanne darf nicht abgewaschen, nur ausgewischt werden.

## *Füllungen der Omelette*

Fein gewiegte Kräuter (fines herbes); grüne, in Butter gedämpfte Spargelspitzen; sautierte Krebsschwänze oder Krabben; gekochter und hachierter [gehackt] Spinat oder Sauerampfer; zarte in Butter geschwenkte Schoten (Clamart-Erbsen); gedämpfte frische Gurken; fein gewürztes Tomatenpüree oder gedämpfte in Stücke geschnittene Tomaten; gekochte Kartoffelscheiben (Parmentier); gedämpfte Steinpilze; gedämpfte Achtel von Artischockenböden, geriebener Parmesankäse oder Emmentaler; sautierte Morcheln; braun gedämpfte Nieren (Kalb oder Hammel); sautierte Hühnerlebern; gedämpfte, in Würfel geschnittene Gänseleber; feingeschnittener Schinken; kleingeschnittene Zunge, gehackte Trüffeln, Risotto, Ragout von Muscheln (moules).

## *Eier en cocotte*

In gebutterte Förmchen werden die Eier eingeschlagen, gesalzen, gepfeffert und dann im Wasserbade gekocht. Beim Servieren kommt Sahne oder Béchamelsauce darüber.

## *Deutsche Spargelomelette*

Es werden drei dünne Eierkuchen gebacken. Eine feuerfeste Porzellanform wird mit Butter bestrichen; ein Eierkuchen wird hineingelegt und mit gewiegtem Schinken oder Resten anderen Fleisches belegt, die man mit etwas Sauce oder Bouillon breiig macht. Der zweite Eierkuchen wird darübergebreitet und mit feingeschnittener gedämpfter Kalbsmilch oder mit gekochten, hachierten [gehackt] Champignons bestrichen; hierüber kommt der dritte Eierkuchen, der mit Brechspargel in holländischer Sauce zugedeckt wird. Nun wird die Omelette mit geriebenem Parmesankäse und mit Butterflocken bestreut und einige Minuten in den den Ofen gestellt. Das Gericht darf nicht braun werden.

## *Verlorene (pochierte) Eier*

Das Pochieren der Eier vollzieht sich derart, daß man Eier in kochendes, mit Salz vermischtes Essigwasser schlägt und sie, nachdem sich das Weiße um das Gelbe geschlossen hat, mit dem Schaumlöffel wieder herausholt. Das Kochgefäß muß reichlich groß sein, damit die Eier darin schwimmen können, sonst sinken sie zu Boden und werden platt und unansehnlich. – Hier eine Reihe von Zubereitungsarten:

Auf *Lyoner Art*: Die Eier werden auf Artischockenböden angerichtet und mit brauner Kräutersauce begossen.

*Bearner Art:* Geröstete Weißbrotscheiben werden mit Anchovis- oder Sardellenbutter bestrichen und mit den Eiern belegt. Darüber wird Béarnaisesauce gegossen.

*Ravigote:* Die Eier werden im Kranz angerichtet und mit weißer Ravigotsauce begossen.

*Argenteuil:* Grüner Spargel wird gekocht, in Butter geschwenkt und mit den Eiern garniert.

*Florentine:* Spinat wird in Salzwasser halbgar gebrüht; dann läßt man ihn abtropfen, hachiert [hackt] ihn grob und kocht ihn mit ein wenig Butter fertig. Die Spinatmasse wird sodann fingerstark auf eine Backschüssel [ofenfeste Form] gestrichen; die verlorenen Eier werden darauf gebettet, mit einer leichten Mornaysauce bedeckt, mit Käse gepudert, mit zerlassener Butter beträufelt und im Ofen gebacken. Die Schüssel muß auf eine zweite gesetzt werden, damit der Spinat nicht anbrennt.

*Brabanter Art:* Aus gewässerten Sardellen macht man mit einer Mehlschwitze, Butter, Zitronensaft eine Sauce, die durchgeseiht und über die Eier gegossen wird.

*Auger:* Man dünstet die Artischockenböden in Butter, bedeckt jeden Boden mit durch Butter gezogene Spargelspitzen und legt das pochierte Ei hinauf. Über das Ei wird eine Bechamelsauce gegossen, die man mit Tomatenpüree leicht gefärbt hat.

## *Dänische Gurken*

Mittelstarke Gurken werden in drei bis vier Zentimeter breite Stücke geschnitten, geschält und ausgehöhlt und in Salzwasser, dem ein Wenig Essig beigefügt ist, leicht blanchiert. Dann werden die Stücke wie Gurkensalat mariniert, auf einem Tuch getrocknet und auf runde Weißbrotkroutons von gleicher Größe gestellt. Man füllt die Gurkenringe mit einer Püree von Räucherlachs, dem gehacktes Ei beigemischt ist, und streut etwas frischgeriebenen Meerrettich darüber.

## *Schwedischer Salat*

Ein marinierter Hering und vier gewässerte Anchovis werden in kleine Würfel geschnitten und mit Rindfleisch, Kartoffeln, roten Rüben, Äpfeln in gleichen Quanten vermischt; sodann fügt man je einen Eßlöffel getrocknete Kapern, gehackte Pfeffergurken, hachierte [gehackt] harte Eier sowie je zwei Eßlöffel gewiegte Kerbel und Estragon bei, würzt den Salat mit Pfeffer und Salz und garniert ihn in einer Schüssel mit entbarteten Austern.

## *Tomaten Provençale*

(für sechs Personen)

Zwölf mittelgroße reife Tomaten; zwei Schalotten; zwei Knoblauchzehen; ein Löffel gehackter Petersilie, ein zehntel Liter Öl, Salz und Pfeffer, Kerbel, Zitronensaft. Man taucht die Tomaten zwei Minuten in kochendes Wasser und läßt sie abtropfen. Dann schält man sie und mariniert sie mit Salz, Pfeffer, Öl, Zitronensaft, Schalotten, Petersilie, Kerbel, Knoblauch. Das Gericht wird einen Tag vorher zubereitet und mit Mayonnaise serviert.

## *Artischockenböden à la reine*

(warm)

Die Artischockenböden werden gekocht und in Butter geschwenkt. Dann läßt man dicken Gries in Milch und Butter dünsten, farciert [füllt] die Böden mit dieser Polenta und gratiniert sie in sehr heißem Ofen. Beim Anrichten wird eine Colbertsauce, die mit Tomatenpüree leicht versetzt ist, über die Artischockenböden gegossen.

## *Hamburger Salat*

Sellerieknollen, Mohrrüben, rote Rüben (alles weich gedämpft) und Wurst werden in Julienne [in feine Streifen] geschnitten, mit einer leichten Mayonnaise durchgezogen und mit harten Eiern garniert.

## *Lukasheringe*

Gut gewässerte Salzheringe werden abgezogen, gesäubert, in Filets geteilt und ein paar Stunden in Milch gelegt. Als Sauce rührt man von hartgekochten Eidottern und Öl eine Mayonnaise an, die mit Essig und Senf abgeschmeckt und mit gehackten Schalotten, Pfeffergurken und Petersilie durchgemischt wird. In dieser Sauce müssen die Heringe mindestens vierundzwanzig Stunden ziehen.

## *Mayonnaise von Huhn*

Ein zartes Huhn (Brathuhn) wird weichgedämpft; nach dem Erkalten von der Haut befreit und in Stücke zerlegt. Darüber wir eine leichte Mayonnaise gegossen, die in diesem Falle auf folgende Art zubereitet wird: Ein rohes Eigelb wird mit dem Dotter eines hartgekochtes Eis und etwas Salz gut verrührt; dazu wird unter beständigem Rühren so viel feines Olivenöl tropfenweise hinzugefügt, als Sauce nötig ist. Hierzu kommt ein wenig Estragonessig, nach Geschmack, und zuletzt ein wenig Pfeffer. Diese Sauce muß gut durchgerührt werden. Das Gericht wird mit Salatblättern, feingeschnittenen Cornichons, gehackten roten Rüben und sauren Pflaumen garniert und angerichtet.

## *Haschéekrapferl*

Hauptmann

Aus einem halben Pfund Butter und einem halben Pfund Mehl wird ein Butterteig gemacht und zwei Stunden auf Eis gelegt oder an einen kühlen Ort gestellt. Inzwischen wird ein Pfund Kalbfleisch weich geschmort und zu Haschee gewiegt; gleichfalls kalt stellen. Nun wird der Butterteig messerrückendick auf dem Brett ausgewalkt und in viereckige Stückchen ausgeradelt. Auf jedes Stück kommt ein haselnußgroßes Häufchen des Haschees. Die Stücke werden zugeklappt, mit Ei bestrichen und bei mäßiger Hitze zwanzig Minuten gebacken, bis sie oben und unten braun sind. Die Krapfen können warm und kalt gegessen werden. Man kann sie auch als Beigabe zu Bouillon anbieten.

## *Gebackene Sardellen*

Gewässerte Sardellen werden entgrätet, halbiert, getrocknet und jede Hälfte in Mehl gewälzt, in Butter gebraten. Schmeckt auch sehr gut als Beilage zu Spinat.

## *Canapés*

Eine bequeme und mannigfache Gattung von kleinem Hors d'oeuvre. Es handelt sich um drei- und viereckig geschnittene, geröstete Weißbrotscheiben, die einen verschiedenartigen Aufstrich erhalten. Die Weißbrotscheiben müssen trocken und schnell in sehr heißem Ofen geröstet werden, so daß das Innere weich bleibt. Will man sie vor dem Grillieren mit Butter bestreichen, so muß man die Scheiben auf einem Blech rösten. Hier einige Sorten von Canapés; man kann das Repertoire beliebig erweitern.

Eine Mischung von Sardellen- und Krebsbutter; nach dem Aufstrich ein Belag von Krebsschwänzen und Krabben (*à l'amiral*).

Die Brotscheiben werden mit Senfbutter bestrichen, mit dünnen Scheiben gedämpfter Hammelkeule und mit Schnitten von Salzgurke belegt; auf die Salzgurke kommt eine zweite Scheibe beschmiertes Brot (*à l'anglaise*).

Ein viertel Pfund Räucherlachs wird feingestoßen und mit Fleischextrakt, Cayenne, Paprika und hundert bis hundertfünfzig Gramm ungesalzener Butter gut verarbeitet. Die Masse wird durchs Sieb gestrichen, hoch auf die Brötchen geschmiert, mit dem Messer bunt gemacht und mit Kresse serviert. (*Norwegische Art*)

Die Brötchen werden mit kaltem Rührei und Krabben belegt. (*Dänische Art*)

Die Brotschnitten werden mit Sardellenbutter bestrichen und mit dünnen Sardellenstreifen gitterartig belegt; oder sie werden mit Sardellenbutter bestrichen und mit gehackten Eiern, Sardellen und Petersilie verziert; oder sie werden mit dicker Remouladensauce bestrichen und gitterartig mit Sardellen belegt. Statt der Sardellen kann man auch Anchovis nehmen.

*Lachscanapés* (warm): Zwischen je zwei in Milch geweichte Weißbrotschnitten wird eine gleichfalls in Milch ausgezogene Scheibe Räucherlachs gelegt; sodann bringt man die Canapés auf ein gefettetes Blech, bestreut sie mit geriebenem Käse und Butterflocken und backt sie im heißen Ofen.

## *Bremer Schinkenpastete*

Aus einem Pfund Mehl, zweihundert Gramm Butter, einem Ei und einem achtel Liter saurer Sahne macht man mit Wasser einen Teig, schneidet ihn in mehrere Teile und rollt diese Teile dünn aus. Eine Springform wir mit Butter bestrichen und mit Teig ausgelegt. Gleichzeitig wird ein halbes Pfund gekochter fetter Schinken mit einer Zwiebel fein gehackt. Die Schinkenmasse wird dann mit fünf Eiern, einem halben Liter dicker Sahne und Muskat tüchtig durchgerührt, so daß eine Farce entsteht. Man streicht diese Farce fingerdick auf den Teig, legt ein rundes Teigblatt darauf und fährt auf diese Art abwechselnd fort. Den Abschluß bildet ein Teigstück. Die Form wird bei starker Hitze eine Stunde gebacken und dann gestürzt.

## *Kalbsmilch aux fines herbes*

Die Kalbsmilch wird in lauem Wasser gereinigt und mit kochendem Wasser blanchiert. Es wird ein sehr feines Haschee von Petersilie, Schalotten, Knoblauch und Champignons zubereitet und mit einem guten Stück Butter, Salz und Pfeffer bearbeitet. Man macht oben in der Kalbsmilch kleine Einschnitte, schmiert das Haschee hinein, bedeckt die Milch mit Speckscheiben, legt sie in eine Kasserolle, tut ein Glas Weißwein und ebensoviel Bouillon hinzu und lässt sie auf einem Feuer fertig dämpfen. Man nimmt die Milch heraus, entfettet die Sauce, verlängert sie gegebenenfalls mit Bouillon und gießt sie über die Kalbsmilch.

## *Griesnocken*

Man lässt drei viertel Liter Milch mit siebzig Gramm Butter aufkochen, rührt zweihundert Gramm Gries darunter und dämpft die Mischung einige Minuten ab. Ist die Masse etwas abgekühlt, so mischt man fünf ganze Eier sowie etwas Salz und Muskat dazu. Die Nocken werden mit Käse bestreut, mit heißer Butter beträufelt und im heißen Ofen gebacken. – Zu diesem Gericht kann Spinat gereicht werden.

# Salate

*Und wieviele Götter leben im Salate.*

Carl Zuckmayer

## *Amerikanischer Salat*

Nach Tilla Durieux

Schöner, zarter Kopfsalat wird geviertelt und folgende Sauce dazu gereicht: Essig, Öl, Pfeffer, Salz werden vermischt, und Roquefortkäse wird hineingerieben.

## *Nizzaer Salat*

Abgeschälte Tomatenviertel, gekochte, kalte Bohnen, gekochte Kartoffelscheiben werden einzeln mit Essig, Öl, Salz und Pfeffer angemacht und getrennt im Salatnapf angerichtet. Mit Anchovisfilets, Oliven und Kapern garnieren.

## *Salat porta rossa*

Nach Johannes Guthmann[25]

Grüner Salat wird mit Essig, Öl, Salz, Pfeffer fertiggemacht und dann mit Kapern, gewaschenen, klein geschnittenen Sardellen und wachsweich gekochten, zerpflückten Eiern vermengt.

## *Salat Zimmermann*[26]

Chicoree, Äpfel oder Bananen werden in Stücken geschnitten, mit Krabben und Kapern vermischt und mit Essig und Öl, wie jeder andere Salat, fertiggemacht.

## *Schweizer Salat*

Anderthalb Pfund Kartoffeln wird gekocht, die Schale wird sofort abgezogen und die Kartoffeln werden in Scheiben geschnitten. Zwei geschälte Sellerieknollen werden mit siedendem Wasser aufgesetzt und eine Stunde gekocht. Kurz ehe der Sellerie weich ist, schüttet man einen Eßlöffel Salz dazu. Erkaltet wird er in Scheiben geschnitten. Ein Pfund gewaschene rote Rüben werden weichgekocht, die Haut wird abgezogen und die Rüben in Scheiben geschnitten. Diese Zutaten mischt man mit einer Mayonnaise und garniert den Salat mit Kresse.

## *Spanischer Salat*

Drei Gurken, drei spanische Zwiebeln, drei Tomaten werden zurechtgemacht, die Tomaten abgezogen und entkernt, alles in Scheiben geschnitten, gesalzen, in einer zugedeckten Schüssel auf Eis gestellt. Nach einer halben Stunde tut man etwas geriebene Zwiebel, fein gestoßene Pfefferkörner, Pfefferminzblätter, Öl und Essig daran.

## *Grüner Salat*

Drei Zubereitungsarten. Essig, Öl, Pfeffer, Salz und feingeschnittene Kräuter, im Sommer Gurkenkraut [Borretsch]. – Saure Sahne wird mit ein wenig Salz, etwas Zucker und mit gehackten Kräutern vermengt; mit dieser Sauce werden die gewaschenen und getrockneten Salatblätter angemacht. – Ein hartes Eigelb wird durch ein feines Sieb gestrichen, mit Estragonessig und Kerbel vermischt. In diese Sauce kommt der Salat. – Bei römischem Salat (Romaine) und bei Chicoree wird jedes Blatt unzerschnitten einzeln gewürzt.

## *Kartoffelsalat – Nach Bremer Art*

Die mit der Schale gekochten Salatkartoffeln werden noch heiß rasch abgeschält und in ein Sieb geschnitten. Dann werden die Scheiben durch einen Guß kochenden Wassers abgeschreckt, das man durch das Sieb abtropfen läßt. Die Scheiben werden in der Salatschüssel mit Essig, Öl, Salz, Pfeffer und feingehackter Zwiebel mariniert. Der Salat muß gut durchgeschwenkt und dann kaltgestellt werden.

## *Frühlingssalat*

Eine Handvoll Bohnen, Schoten, Karotten und weiße Rüben werden in Salzwasser gekocht. Auch einige kleine Stücke gekochte Kartoffeln und Reste von Huhn oder Kaninchen kann man daruntermischen. Entweder mit Mayonnaise begießen oder einfach mit Öl, Essig, etwas Senf anmachen. Alles gut mischen und mit gesalzenen Tomatenscheiben dekorieren.

## *Tomatensalat*

Die reifen Tomaten werden mit kochendem Wasser abgebrüht und abgeschält, dann schneidet man sie in Scheiben. Nun mischt man Essig, Öl, Pfeffer, Salz und etwas Senf; diese Vinaigrette wird mit gehackten Kräutern (Petersilie, Kerbel, Estragon) vermengt und einige Minuten vor dem Anrichten über die Tomaten gegossen.

## *Wintersalat*

Abgekochte Schwarzwurzeln, Kartoffeln, rote Rüben in Scheiben, Anchovis und Cornichons fein schneiden; der Salat wird zuerst mit Öl und Essig angemacht und dann mit Mayonnaise gebunden; man streut hartes Eidotter und gewiegte Petersilie darüber.

## *Bohnensalat*

Grüne Bohnen oder Wachsbohnen werden abgezogen, abgekocht, zerschnitten und zwei Stunden in leichten Essig gelegt. Dann kommen Öl, Pfeffer, Salz und feingehackte Zwiebeln dazu. – In Mecklenburg wird der grüne Bohnensalat sauersüß, also halb mit Essig, halb mit Zucker angemacht.

## *Weißer Salat*

Eine gekochte Sellerieknolle wird fadennudelartig fein geschnitten und mit Mayonnaise angemacht. Weiße Chicoree wird mit Essig, Öl, Salz und Pfeffer extra angemacht. Die Selleriemayonnaise wird in die Mitte der Schüssel gelegt, die Chicoree herumgarniert und mit gehacktem Kerbel bestreut.

## *Elsässischer Salat*

Gekochte kalte Kartoffeln, Äpfel und Trüffeln werden in Scheiben geschnitten, abgeschälte Walnüsse geviertelt; diese vier Elemente werden einzeln mit Öl und Essig angemacht und getrennt in der Salatschüssel angerichtet. Man legt einen Rand von roten Rüben rundherum.

# Die Fische

*Der Fisch ist ein Mittelding,*
*das allen Temperamenten entgegenkommt.*

Brillat-Savarin

## *Seezunge Mornay*

Eine der edelsten Erfindungen der Gastronomie. Man trifft dieses Gericht zumeist in den Restaurants und leider fast nie in den Familien. Man bräunt Butter mit etwas Milch, mischt Salz, Muskat, Pfeffer hinein, bindet die kochende Brühe mit drei Eigelb und tut ein viertel Pfund geriebenen Schweizer oder Parmesankäse daran. Vorher werden die Fischfilets mit einem halben Glase Weißwein und ebensoviel Bouillon pochiert. Auf die Gratinschüssel wird eine Lage der beschriebenen Sauce gegossen: die Fischfilets werden hineingelegt mit dem Rest der Sauce, abermals mit etwas geriebenem Käse, mit Butterflöckchen und Semmelbrösel zugedeckt und im heißen Ofen gebacken.

## *Lachsforelle in Burgunder*[27]

(kalt)

Eine schöne Lachsforelle läßt man mit einer Karotte, zwei Zwiebeln, einem Lorbeerblatt, etwas Thymian, Pfeffer, Salz, Petersilie und einer Flasche rotem Burgunder, dem ein Glas Wasser hinzugefügt wird, im Ofen pochieren, indem man sie oft begießt. Sodann läßt man den Fisch in seinem Sud erkalten (zwanzig Minuten). Nun entfernt man die Haut und dekoriert das Fleisch mit blanchierten Estragonblättern. Von dem Saucenfond wird ein Gelee gemacht, das man mit Eiweiß uns sechs Blatt Gelatine klärt. Mit diesem Gelee begießt man die Forelle und läßt das Ganze erkalten. Zu diesem Gericht wird Remouladensauce gereicht, in die gehackte Cornichons kommen.

## *Kalter Lachs auf englische Art*

Ein Mittelstück Rheinlachs[28] wird langsam gedämpft, bis er vollständig durchgekocht ist. Erkaltet wird der Lachs mit etwas Aspik leicht überzogen und angerichtet. Man reicht dazu einen mit Öl, Essig und feinen Kräutern angemachten Gurkensalat und eine leichte Mayonnaisensauce, die mit einigen Löffeln Schlagsahne untermischt wurde.

## *Gerösteter Lachs Béarnaise*

Man schneidet vom Lachs schöne Stücke in Kotelettform, begießt sie mit zerlassener Butter, grilliert sie auf dem Rost und läßt Béarnaisesauce dazu reichen.

## *Bachforelle à la Meunière*

Die Forelle wird ausgenommen und mit einem Tuch ganz trockengewischt. Man macht mit dem Messer kleine diagonale Einschnitte in das Fleisch des Fisches, wälzt die Forelle in Mehl und bratet sie mit Butter in der Pfanne. Sind beide Seiten gebräunt, so wird der Fisch auf eine Schüssel gelegt, leicht mit gehackter Petersilie bestreut und mit der Butter begossen, der etwas Zitronensaft beigefügt ist. Seezungen können auf dieselbe Weise zubereitet werden.

## *Überbackener Hecht*

Ein Hecht wird geputzt, die Mittelgräte und soviel von den anderen wie möglich herausgenommen, dann der Fisch breit auf eine Backschüssel [ofenfeste Form] gelegt. Die Mittelgräte in Salzwasser mit Weißwein, Zitronensaft, Zwiebel und Gewürzen eine Stunde auskochen. Von Mehl, Butter und Zitronensaft eine helle Schwitze bereiten, die mit der Fischbrühe vermischt wird. Diese Sauce heiß über den Hecht gießen, dicht mit geriebenem Parmesankäse, mit gedämpften Champignons, Semmelbrösel, Butterflocken versehen und im Ofen (der Röhre) backen.

## *Gedämpfte Zanderfilets à la printanière*

›Der Zander ist er Edelmann unter den Fischen‹, sagen die märkischen Fischer. Gedämpfte Zanderfilets werden mit dicker holländischer Sauce zugedeckt. Das eine Ende der Schüssel schmückt man mit gedünsteten kleinen Tomaten, das andere mit einem Bund gekochter Spargelspitzen. Der ästhetische Nachdruck liegt auf der Dreifarbigkeit.

## *Makrelen Hollandaise*

Makrelen ausnehmen, reinigen, in Salzwasser kochen. Nun werden Köpfe, Haut und Gräten entfernt und die Fischfilets auf eine Schüssel gelegt; man bedeckt die Filets mit holländischer Sauce. – Kalte Makrelenfilets, die vorher gesalzen, mit Weinessig angemacht, mit Crème double bedeckt, mit Schnittlauch bestreut sind, ergeben ein pikantes Vorgericht.

## *Kabeljau à la crème*

Den Fisch der Länge nach halbieren, in Zitronensaft marinieren, abtrocknen, einkerben, auf eine gebutterte Pfanne legen. Salzen, pfeffern, mit Butter und Champignons belegen und etwas überbraten. Darüber wird Champignonsauce und ein zehntel Liter Sahne gegossen, der Fisch wird weiter gebraten, bis er hellbraun ist. Er wird angerichtet. Die Sauce passieren und auf den Fisch gießen. Zander wird auf die gleiche Art zubereitet.

## *Schollen Hamburg*

Kleine Schollen werden im Topf mit Butter und Wasser gedämpft, zuletzt kommen Eigelb und Kapern hinzu. – Oder kleine Schollen in Butter mit Salz und etwas Zucker dämpfen, Schotengemüse darauftun und zuletzt mit Kartoffelmehl binden.

## *Schleie in Sauce Poulette*

Die abgekochten Schleie werden in folgende Sauce gelegt. Eine weiße Buttermehlschwitze wird mit Champignonsauce aufgefüllt, mit zwei bis drei Eigelb und Sahne gebunden, mit Zitronensaft geschärft, mit einem Löffel Butter und gehackter Petersilie fertig gemacht.

## *Zitronenkarpfen*

Wasser, Zwiebel, Pfefferkörner, Lorbeerblatt, Salz, der Saft und die Schale von einer Zitrone werden in der Fischkasserolle aufgesetzt und langsam zum Kochen gebracht. Die Karpfenstücke werden in das kochende Wasser gelegt und darin gedämpft. Sind sie gar, so hebt man sie heraus, tut sie in die Schüssel, auf der man sie später anrichten will, und setzt sie warm oder auf Dampf. Nun gießt man die Sauce durch ein Sieb, sämt sie mit einer Mehlschwitze an (keine Milch hinzutun!) und fügt vor dem Aufragen ein großes Stück Butter hinzu, nachdem man die Sauce vorher auf Gewürz und Zitronensäure abgeschmeckt hat. Die kochende Sauce wird über die Fische, ein Teil der Sauce in eine Sauciere gegossen und die Schüssel mit Zitronenscheiben garniert. Der Fisch schmeckt auch kalt, als Vorspeise; man garniert dann mit Zitronen- und Eierscheiben, Salat oder Kresse. Aale und Schleie lassen sich auf dieselbe Art zubereiten.

## *Schwedische Fischklöße*

(für vier bis fünf Personen)

Das rohe Fleisch von einem Pfund Schellfisch wird feingehackt; zwei alte Brötchen werden geschält, in lauwarmem Wasser zwei Minuten geweicht und ausgedrückt. Einen halben Löffel Butter läßt man in der Pfanne zergehen und tut das Brot hinzu. Unter Rühren backt man das Brot bei mäßiger Hitze in fünf Minuten ab. Nachdem dieser Brotkloß etwas ausgekühlt ist, mengt man ihn mit dem rohen Fischfleisch und fügt wenig Pfeffer, feingehackte Petersilie und zwei Eidotter hinzu. Dann formt man Klöße, die langsam fünf Minuten in Salzwasser gekocht werden. Ist der Probekloß zu locker, so tut man noch geriebenes Weißbrot in die Masse. Zu den Fischklößchen reicht man Petersiliensauce und Kartoffelpüree.

## Fischpudding auf norwegische Art

Achthundertfünfundsiebzig Gramm Seefisch (am besten Dorsch) werden fein gehackt. Sechs kleine gewiegte Schalotten werden mit dreißig Gramm Butter geschwitzt, zwei Eier mit zwei Eßlöffel Wasser zerklopft, hinzugetan und Rührei davon gemacht. Dann reibt man einhundertvierzig Gramm Butter zu Sahne, fügt nach und nach sechs Eidotter hinzu und rührt alles eine Weile ziemlich stark; zuletzt kommen das Rührei, siebzig Gramm altes, abgeschältes und geriebenes Weißbrot, eine halbe Tasse Sahne, etwas Muskat und der Fisch unter stetem Umrühren dazu. Schließlich wird das zu Schnee geschlagene Eiweiß untergemischt. Der Pudding wird in einer Form eineinhalb Stunden gekocht und mit einer Champignons-, Krebs-, oder Kraftsauce heiß auf die Tafel gebracht.

## Überbackener Zander

Von einem schönen Zander die Gräten auslösen, die Haut abschneiden, den Fisch mit Weiswein gar kochen. An der Stelle der Gräte folgendes Ragout einfüllen: Fischklöße, Krebsschwänze, Champignons, Morcheln, Kalbsmilch, alles mit weißer Sauce angemacht, den Fisch mit derselben Sauce bedecken, mit geriebenem Parmesankäse, Semmelbrösel (Weckmehl) und Butterflocken im Ofen überbacken.

## Fisch-Bouletten

Fischfleisch (von Kabeljau oder Schellfisch) wird aus Haut und Gräten gelöst, durch die Fleischmaschine passiert, mit zwei Eiern, Salz, Pfeffer, einer geweichten, ausgedrückten und einer geriebenen Semmel, etwas zerlassener Butter, Zwiebel, einer Sardelle gut vermischt und zu runden, plattgedrückten Klößen geformt, die man in Butter braun bratet. Man kann zu diesem Gericht auch die Reste eines gekochten Fisches verwenden. Man reicht irgendeine pikante Sauce zu diesen Bouletten.

# Das Fleisch

…
*Schnitten behend das Fleisch*
*und steckten's an Spieße,*
*Brieten sodann vorsichtig*
*und zogen es alles herunter.*

Homer

## *Kalbsschnitzel im Ofen*

Die Schnitzel kurz in Butter braten, in der Backschüssel [ofenfeste Form] anrichten und auf die obere Seite jedes Schnitzels folgendes Ragout ziemlich dick aufstreichen: eine Kalbsmilch mit Champignons, Zwiebel, Petersilie weich dünsten, eine Béchamelsauce bereiten, die mit der würfelig geschnittenen Kalbsmilch vermischt wird, mit Zitronensaft würzen. Das Ragout auf die Schnitzel streichen, mit geriebenem Parmesankäse dick bestreuen, die Schüssel, im heißen Wasserbad, in den Ofen stellen und kurz braten, bis die Schnitzel braun sind. – Man kann Kalbskoteletts ebenso zubereiten.

## *Kalbsleber auf Venetianer Art*

Man schneidet zwei Schalotten in Stücke und läßt sie in Butter schwitzen. Ein halbes Pfund Kalbsleber wird in Scheiben geschnitten, die nicht dicker als ein halbes Zentimeter sein dürfen; man sautiert [kurz in Butter braten] sie zwei bis vier Minuten in Butter, legt die Zwiebeln hinein und läßt die Leber weitere zwei Minuten braten. Zuletzt fügt man Petersilie und den Saft einer halben Zitrone hinzu. Das Gericht muß sehr heiß serviert werden.

## *Navarin*

Weiches Kalb- oder Hammelfleisch (Keule oder Schulter, vom Hammel die Koteletts) wird in Stücke geschnitten. Diese Stücke in Butter anbraten und mit Salz, Pfeffer und wenig Zucker würzen. Dann kommen sie in eine Mehlschwitze. Etwas Wasser zwei Tomaten oder Tomatenpüree daran geben und alles mit Gewürzen und Kräutern in geschlossener Kasserolle dreiviertel Stunde dämpfen. Die Stücke in eine andere Kasserolle legen, mit neuen angekochten Kartoffeln, jungem Gemüse (auch Radieschen) und glasierten Zwiebeln, die Sauce aus der ersten Kasserolle darüber gießen, zudecken und fertig kochen lassen.

## *Schweinekoteletts*

Ziemlich dicke Apfelscheiben mit Butter in eine Pfanne legen, man läßt sie darin heiß, aber nicht gar werden. Die mit Salz und Pfeffer bestreuten, aber nicht panierten Schweinekoteletts in eine längliche Bratpfanne geben, in die man Butter getan hat. Die Koteletts mit den Apfelscheiben belegen; jedes Stück muß ganz mit den Scheiben bedeckt sein. Die Pfanne mit dem Deckel in den Bratofen schieben, häufig begießen und alles gar dämpfen, was etwa eine Stunde dauert. Dann nimmt man den Deckel ab und läßt bräunen. Die Koteletts dürfen nicht umgedreht werden. Man kann das Gericht verfeinern, indem man Sahne über die Koteletts gießt und mitbacken läßt.

## *Rinderfilet Colbert*

Ein Filet wird englisch gebraten; man läßt es auskühlen, salzt und pfeffert es. Kräuter werden in Butter geschwitzt (Zwiebel, Petersilie, Champignons), und das ausgekühlte Filet wird damit bestrichen. In Salzwasser halbweich gekochte, dann mit kaltem Wasser übergossene Kohlblätter werden vorbereitet. Das mit den Kräutern bestrichene Filet wickelt man in mehrere Schichten dieser Kohlblätter, die zwischendurch gesalzen werden. Auf die Blätter kommen zwei große Speckscheiben; das Ganze wird zugebunden und auf der Pfanne mit Butter nochmals eine viertel Stunde gebraten.

## *Boeuf à la mode*

Ein schönes Stück Ecke Oberschale wird in folgende Marinade gelegt: eine Flasche Weißwein, Zwiebel, Karotten, Lorbeerblatt, Thymian, Petersilie. Das Fleisch bleibt eine Nacht in dieser Marinade, wird am nächsten Tag in Petersilie gewälzt, mit Mark oder Speck gespickt und mit Fett aufgesetzt. Wenn der Braten braun ist, gießt man nach und nach die Marinade dazu, der noch zwei Gläser Kognak, etwas Madeira und Weißwein zugefügt sind. Man läßt ebenfalls zwei Kalbsfüße mitdämpfen. Soll der Braten kalt genossen werden, so läßt man ihn in seinem Saft erkalten.

## *Sauerbraten*

Schmorfleisch (Mitte) wird abgewaschen und in einen irdenen Topf gelegt, mit einer Flasche Weißbier (oder irgendeinem anderen obergärigen Bier) und Essig begossen. Dazu kommen zwei mittelgroße, in Scheiben geschnittene Zwiebeln, fünf Lorbeerblätter, ein Löffel Pfefferkörner. Dann wird ein Teller fest daraufgedrückt und mit einem Gewicht beschwert. Das Fleisch bleibt in der Marinade drei bis fünf Tage, muß aber täglich umgedreht werden.

## *Entrecôte mit Sportbutter*

Ein mittelgroßes Entrecôte wird englisch gebraten, am besten auf dem Rost. Beim Anrichten legt man einen Löffel kalte Sportbutter auf die Mitte des Steaks und zu beiden Seiten der Butter eine gewässerte Sardelle.

*Sportbutter:* ein viertel Pfund ungesalzene Butter, ein Löffel Mixed Pickles, ein halber Löffel Kapern, fünf harte Eigelb, fünf Cornichons, gehackte Petersilie, Zwiebel, Estragon, ein Löffel Worcestershiresauce. Alles zusammen im Mörser stoßen, durch ein feines Sieb passieren, gut verarbeiten und im Porzellannapf kalt stellen.

## *Huhn im Topf*

Ein Huhn wird in Butter angebraten, in einen Topf gelegt, mit Speckscheiben, Butter, Schalotten, Tomaten, Champignons (geviertelten Artischockenböden) und angekochten Kartoffeln fertig gedämpft.

## Glasierte Kalbsbrust

Eine schöne Kalbsbrust wird mit folgender Farce [Füllung] gefüllt: Kalbsmilch, Morcheln, Reste von Wild oder Geflügel, Speck, Petersilie, Schalotten, Salz, Pfeffer, Muskat, Champignons, zwei rohe Eigelbe usw. Diese Farce kommt in die Kalbsbrust; die Öffnung wird zugenäht. Dann tut man in eine Bratpfanne etwas Speck, zwei Gläser Bouillon, eine halbe Flasche Weißwein und legt die Brust hinein: ist sie gebraten, so läßt man die Sauce einkochen, glasiert damit den Braten und garniert ihn mit einem Ragout von Morcheln und Kalbsmilch oder nur mit Gemüsen.

## Kalbsrouladen

Man schneidet von einem Stück Kalbfleisch aus der Keule dünne Schnitzel, klopft sie breit und macht einen rohes Füllsel von gewaschenen Sardellen, Zwiebel, etwas Zitronenschale und Speck. Dies alles wird fein gehackt; die Schnitzel werden damit bestrichen, gerollt, gebunden und in Butter gedämpft. Wenn sie weich sind, tut man etwas Bouillon, Weißwein und einige Tropfen Zitronensaft daran. – Zu diesen Kalbsrouladen oder Kalbsvögeln, wie sie in Österreich heißen, passen Spätzle sehr gut. – Man kann die Rouladen, anstatt mit Sardellen und Speck, auch mit rohem, gewiegtem Schinken füllen. Die übrigen Zutaten bleiben dieselben.

## Kalbsragout Marengo

Kalbfleischstücke salzen, pfeffern; in Öl mit Zwiebel, einer Karotte, Knoblauch, Thymian, Lorbeerblatt anbraten. Haben die Stücke genügend Farbe angenommen, läßt man das Öl abtropfen, gießt Weißwein hinzu, läßt ganz einkochen und bindet mit Liebig[29] und Tomatensauce (oder frischen Tomaten). Champignonschalen verbessern den Geschmack; zudecken und kochen lassen. Die Stücke herausnehmen, auf eine Schüssel legen, sie mit kleinen Zwiebeln und Champignons garnieren und die Sauce darüberfüllen. Mit gehackter Petersilie bestreuen und mit geröstetem Weißbrot garnieren.

## *Hammelkoteletts Nelson*

Hammelkoteletts werden auf einer Seite angebraten. Sodann wird eine Farce [Füllung] aus Zwiebeln, gewiegtem gekochten Schinken, Mehlschwitze, Sahne und zwei Eigelbe auf die rohe Seite des Fleisches gestrichen. Die also farcierten Koteletts werden mit geriebenem Parmesankäse und Butterflocken im Ofen gratiniert.

## *Pilaff vom Hammel*

Der Pilaff ist im Grunde ein Navarin (s.o.) mit viel Tomatensauce; Kartoffeln und Gemüse werden durch ein reichliches Quantum Reis ersetzt. Das Fleisch wird in Würfel geschnitten, mit Zwiebel und Butter (oder Hammelfett) angebraten, mit Salz und Pfeffer gewürzt. Der Reis wird gründlich gewaschen; ist er trocken, so wird er mit etwas Butter, geriebenem Parmesankäse und Zwiebeln geröstet, mit Hammelfleischbrühe und Gewürzen gedünstet und zu dem Fleisch geschüttet. Man stellt die Kasserolle auf lebhaftes Feuer, fügt einige Eßlöffel Tomatensauce hinzu und rührt die Masse gut durcheinander. Man kann Pilaff auch von Kalbfleisch oder gekochten Hühnern zubereiten.

## *Ungarischer Rostbraten*

In einer Kasserolle Butter heiß werden lassen, Roastbeefscheiben [vom Zwischenrippenstück] hineinlegen, die mit Mehl bestäubt sind, würflig geschnittene Zwiebel und Speck sowie Paprika darauftun, leicht braun werden lassen, abfetten, Bouillon und saure Sahne hinzufügen, zudecken und eine Stunde dünsten lassen.

## *Rebhühner en cachette*

Man dämpft Rebhühner gar, bestreicht sie mit zerrührtem Ei und fingerdick mit einer Farce [Füllung] von Kalbfleisch. Darauf macht man einen festen Teig von Mehl, drei Eidottern, etwas Butter und einem Löffel Milch, rollt diesen Teig dünn aus, schneidet mit dem Backrädchen davon schmale Streifen und bändert damit die mit Farce umgebenen und wieder mit Ei bestrichenen Hühner über und über, bestreicht die Teigstreifen gleichfalls mit Ei, tut die Hühner nun in eine mit Speckscheiben ausgelegte Pfanne und setzt sie in den Bratofen, bis sie Farbe bekommen. Man serviert sie mit einer Trüffelsauce oder einer anderen pikanten Sauce. Madeirasauce, braune Champignonsauce.

## *Wildsteaks mit Sardellensauce*

Ein Pfund schieres Wildfleisch (Reh oder Hirsch) durch die Maschine drehen, mit Salz, Pfeffer, einem geweichten Weißbrot und Ei wie deutsche Beefsteaks zurecht machen und formen. In Butter braten und eine Sardellensauce mit Senf dazu reichen.

## *Rehrücken Carmen*

(kalt)

Der Rehrücken wird gespickt und englisch gebraten. Erkaltet wird er tranchiert. Zwischen jede Scheibe Fleisch wird Gänselebermousse geschmiert, mit dem Rest des Leberpürees wird der ganze Rücken überzogen. Man glaciert ihn mit Fleischaspik und dekoriert ihn mit Orangen- und Trüffelscheiben. Sowohl auf dem Grat des Rückens als auch rundherum. Dazu kann man eine Cumberlandsauce reichen.

## *Der Labskau*

Ein ostpreußisches Gericht; verdient populärer zu werden, als er ist. Bouillonkartoffeln werden durch das Suppensieb gedrückt und mit etwas Butter und mit gekochtem Schinken oder Pökelzunge vermischt, die durch die Maschine gedreht wurden. Man garniert die Masse mit Scheiben von Salzgurken und kann Setzeier [Spiegeleier] hinauflegen. Mit oder ohne Eier eine gute Hausmannskost.

## *Spanische Vögel*

Schieres Rindfleisch wird in dünne Scheiben geschnitten, gesalzen, gepfeffert. Auf jede Scheibe kommen: ein Teelöffel roher Reis, ein halber Teelöffel gehackte Zweibeln und zehn Gramm würflich geschnittener Speck. Die Scheiben werden zusammengerollt, mit Baumwolle gebunden, mit Butter angebräunt und, von Wasser bedeckt, drei Stunden gedämpft.

## *Taubenragout*

Eine Kalbsmilch in heißem Wasser blanchieren, abziehen, in Butter dämpfen. Zwei Kalbszungen weich kochen. Zwei Tauben in der Brühe der Kalbszungen ein paar Minuten mitkochen lassen, dann in Butter dämpfen. Eine helle Mehlschwitze mit Sardellen oder Champignons pikant machen. Sahne mit Eigelb abziehen, mit Zitronensaft und Weißwein schärfen, mit der Sauce mischen. Kalbsmilch und Zungen in Scheiben schneiden, die Tauben in Viertel, alles in die Sauce legen.

# Gemüse

*Spargel und Nachtigallengesang fallen in dieselbe Zeit.*

Eugen von Vaerst

## *Kohlwickel*

Die Farce [Füllung]: ein halbes Pfund Kalbs- oder Schweinefleisch; ein halbes Pfund Rindfleisch; eine geweichte Semmel; ein Stückchen Butter; zwei Sardellen; Salz, Pfeffer, ein paar Tropfen Worcestersauce. In einer Kasserolle läßt man Butter zergehen und tut etwas Mehl daran, ohne daß es braun wird, gießt Suppe oder Wasser auf, würzt mit Salz, Kümmel, Muskat, Ingwer, läßt alles aufkochen. Inzwischen löst man vom Weißkohl oder Wirsingkohl die Blätter, füllt sie mit der Farce, formt kleine Würstchen, die man mit Baumwolle zusammenbindet. Die fertigen Rollen legt man in die Kasserolle und dünstet sie unter öfterem Schütteln ein bis anderthalb Stunden. Zum Bräunen schiebt man sie auf eine halbe Stunde in den Ofen und gießt ein viertel Liter Sahne darüber.

## *Gefüllter Kohl*

Ganze Kohlblätter mit kochendem Wasser begießen, sie weich werden und dann gut ablaufen lassen. Inzwischen wird ein Stück gekochtes Rindfleisch mit etwas Petersilie fein gewiegt und mit Salz, Pfeffer, geriebenem Parmesankäse und einem Ei vermengt. Die Kohlblätter mit dieser Mischung füllen, zusammenrollen, mit einem Stück Butter nebeneinander in eine Kasserolle legen, Tomatensauce darüber gießen und langsam kochen lassen, bis der Kohl weich ist.

## *Gebackener Blumenkohl*

Blumenkohl wird in Salzwasser gekocht. Wenn er ausgekühlt ist, wird er in kleine Teile zerlegt, in eine ausgeschmierte Auflaufform tut man eine Schicht Blumenkohl und eine Schicht feingewiegten Schinken, bis die Form voll ist. Dann werden zwei Eigelb mit süßer Sahne zerquirlt und darübergegossen; obenauf tut man Butterflocken und bäckt den Auflauf ungefähr zwanzig Minuten im Ofen.

## *Steinpilze in Sahne*

Die Steinpilze werden in Scheiben geschnitten, in Butter und etwas gehackter, gleichfalls in Butter geschwitzter Zwiebel gedämpft. Wenn sie gar sind, gießt man sie ab, tut kochende Sahne an die Pilze und läßt langsam bis zum völligen Einziehen der Sahne kochen. Schließlich kommt nochmals etwas verdünnte Sahne dazu. Die Steinpilze werden in tiefer Schüssel angerichtet. Champignons mit Sahne werden ebenso bereitet.

## *Pudding Forestière*

Rezept des Bavariahotels Meran

Ein Pfund Steinpilze schälen, feinblättrig schneiden, mit sechzig Gramm Butter, einer Schalotte, Petersilie, Zitronensaft halbweich dünsten, sieben bis acht Löffel einen Tag alte Semmelbrösel (Weckmehl) hineintun. In die heiße Masse vier Eigelb stark einrühren, wenn sie etwas ausgekühlt ist, drei Löffel Sahne und den Eierschnee untermischen. Eine Stunde im Dunst kochen. Dazu paßt Sardellen- oder Anchovissauce. Auch Bechamelsauce ist geeignet.

## *Champignonpüree*

Die Champignons werden in Butter und Zitronensaft geschwitzt, dann gestoßen, mit Bechamelsauce vermischt, durch das Sieb gestrichen, mit Salz und Muskat gewürzt und mit Butter aufgeschlagen.

## *Gefüllte Tomaten*

Schöne Tomaten durchschneiden, Kern und Saft entfernen. Für jede Tomate einen Löffel Reis reinigen und ihn eine viertel Stunde in kaltes Wasser legen. Dann ablaufen lassen, bis der Reis trocken ist, ihn salzen, pfeffern und Öl und fein gewiegte Petersilie hineintun; alles gut mischen. Die Tomatenhälften damit füllen und die anderen Hälften darüberstülpen. Die Tomaten werden in eine Kasserolle gelegt. Öl, der Tomatensaft und etwas Wasser werden darübergegossen, und so läßt man sie eine dreiviertel Stunde auf dem Feuer.

## *Püree Nignon*

Sehr einfach, mundet vortrefflich. Ein Drittel Kartoffeln, ein Drittel weiße Rüben, ein Drittel Mohrrüben oder Karotten (zum Schmorbraten). – Wenig bekannt ist wohl auch eine Maronen-Selleriepüree. Beide Gemüse werden ungefähr zu gleichen Teilen vermengt. Diese Mischung schmeckt zu Reh oder Hammel besonders gut, weil Sellerie das süßliche Mehl der Maronen und Marone die Herbheit des Selleries mildert.

## *Karotten Vichy*

Die Karotten werden geputzt und in feine, horizontale Scheiben geschnitten. Sie werden dann in einer Kasserolle mit etwas Wasser, Butter, Zucker und Vichy-Salz angesetzt. Man kocht die Karotten auf leichtem Feuer etwas über zwei Stunden (die Sauce muß braun sein) und rührt sie während des Kochens von Zeit zu Zeit um; sie setzen leicht an. Beim Anrichten wird ein Stück Butter und gewiegte Petersilie dazugetan.

## *Erdartischocken Poulette*

Waschen, brühen, schälen. In feine Scheiben schneiden, in Bouillon, Sahne, Salz, Butter weichdämpfen. Die Sauce mit Eigelben legieren, mit Zitronensaft schärfen, mit gehackter Petersilie bestreuen.

## *Himmel und Erde*

Ein lyrisches Westfalengericht, fast so zart und gehaltvoll wie ein Gedicht der Annette Droste-Hülshoff. Paßt als Beigabe zu Schmorbraten, falschem Hasen, deutschen Beefsteaks und Bratwurst. Zwei Drittel Kartoffelpüree werden mit einem Drittel Apfelmus vermischt. Beide Pürees müssen sehr fein durchs Sieb gestrichen und auf Zucker gut abgeschmeckt werden. Die Masse wird in eine Schüssel getan, leicht eingedrückt, und in die Vertiefung wird braune Zwiebelbutter gegossen.

## *Kohlrabi in Sahnensauce*

Die Kohlrabi werden geschält, in Scheiben geschnitten, gewaschen, fünf Minuten gebrüht. Man läßt Butter in einer Kasserolle heiß werden, tut die Kohlrabi hinein, läßt sie unter wiederholtem Schütteln anbraten, gießt Bouillon auf und läßt gar kochen. In einer anderen Kasserolle macht man eine Buttermehlschwitze (muß hell bleiben), gießt Sahne hinzu, läßt aufwallen, schüttet etwas von der Kohlrabibrühe zur Sauce, läßt einkochen und schüttet die Sauce über die Kohlrabi.

## *Courgettes au gratin*

Die Kürbisse werden geschält und in Salzwasser blanchiert. Von einer weißen, mit Weißwein und Eigelben vermischte Sauce wird ein Teil auf eine gebutterte Backschüssel [ofenfeste Form] gestrichen. Darauf legt man die zerschnittenen Courgettes, bedeckt sie mit dem Rest der Sauce, bestreut sie mit Brösel, bedeckt sie mit Butterflocken und gratiniert die Schüssel im Ofen.

## *Artischockenböden*

Unter den Füllungen, die den zarten Geschmack der Artischocke zu steigern bestimmt sind, kann ich die folgenden als besonders schmackhaft empfehlen: Schoten werden mit hachiertem [gehacktem] gekochtem Schinken gemischt; – eine Champignonpüree, die mit Bechamel angemacht ist; – verlorene Eier, mit brauner Kräutersauce übergossen; – Spinat mit Sahne geschwenkt; – Tomatenpüree mit gebratenen Austern (à la Cussy); – grüne Spargelspitzen; – eine getrüffelte Gänseleberpüree mit Bechamel überzogen, mit Käse bestreut und auf dem Fond im Ofen gratiniert (à la Mornay).

## *Sauerampfer in Butter*

Der Sauerampfer wird von den Stielen gestreift, gewaschen, blanchiert, mit kaltem Wasser abgeschreckt. Er wird hachiert [gehackt], mit Salz und Pfeffer gewürzt und in Butter weich geschwitzt. Man garniert ihn mit Brotcroutons oder mit pochierten Eiern.

## *Chicorée à la crème*

Chicorée wird weichgekocht, fein gewiegt und in Butter gedämpft, nach und nach wird Sahne hinzugegossen und etwas Salz darangetan. Das Gemüse wird mit gerösteten Brotdreiecken garniert.

## *Böhmische Specklinsen*

(sehr gut zu Rebhühnern)

Die Linsen werden nachts gewässert, am anderen Tage in Salzwasser gekocht, bis sie weich sind. Ein Stück Butter wird zerlassen, ein Stück Speck würflig geschnitten und in der Butter geröstet, bis alles braun ist. Das Linsenwasser wird abgegossen, die Linsen in einer Schüssel angerichtet und mit dem gerösteten Speck usw. übergossen. Man kann an den Speck einen kleinen Löffel Weinessig gießen.

## *Schwarzwurzeln – Holländisch*

Die Schwarzwurzeln werden gekocht und in Essigwasser blanchiert. Man kocht sie in Bouillon weich und gießt holländische Sauce darüber.

## *Gurken mit Bechamelsauce*

Die Gurken werden geschält, in ziemlich dünne Scheiben geschnitten, in einer Kasserolle mit Bechamelsauce übergossen, zugedeckt und langsam darin weich gedämpft; vor dem Anrichten mischt man ein Stück Butter und etwas geriebenen Muskat unter die Sauce und schwenkt das Gemüse gut durch.

## *Risotto*

Man röstet den Reis mit gehackten Zwiebeln in Butter (und Ochsenmark), füllt Bouillon auf und kocht ihn darin körnig. Der Reis wird dann mit Butter, Parmesankäse und Tomatenpüree angerichtet und mit Bouillon begossen. Er darf nicht stehen, sondern muß sofort gegessen werden.

## *Nudeln auf Genfer Art*

Man schneidet Steinpilze in Streifen, schwitzt sie mit Zwiebeln in Butter, füllt Bouillon auf und streut Petersilie dazu. Die hausbereiteten Nudeln werden mit Butter und Käse versetzt und schließlich mit den Pilzen vermischt. Vor dem Anrichten bestreut man sie mit Käse und begießt man sie mit brauner Butter.

## *Kartoffeln à la dijonnaise*

Man röstet rohen Schinken, der in kleine Würfel geschnitten ist, in Butter, füllt braune Sauce auf, kocht sie mit dem Schinken kräftig durch und tut zuletzt Mostrich dazu. Die Kartoffeln schneidet man in Scheiben und schwenkt sie in der Sauce.

## *Kartoffelauflauf*

(Mousse Parmentier)

Gekochte Kartoffeln werden durchs Sieb gestrichen, mit Eigelben, Butter und etwas Sahne versetzt, mit Salz, Pfeffer und wenig Muskat gewürzt. Der Schnee der Eier wird darunter gezogen, die Masse wird mit Käse bestreut, mit Butter belegt und in der Auflaufform gebacken.

## *Herzoginkartoffeln*

Gekochte, durchgestrichene Kartoffeln werden mit zwei Eigelb und Butter vermischt, mit Pfeffer und Muskat gewürzt. Ist die Masse erkaltet, formt man auf bemehltem Brett kleine fingerstarke Vierecke, die man in zerlassener Butter bratet.

## *Meine gedämpften Kartoffeln*

Kartoffeln schälen, mit Butter, Salz, wenig Wasser in der Kasserolle auf schwachem Feuer knapp drei viertel Stunde dämpfen.

## *Frische Morcheln*

Die Morcheln werden von den Stielen befreit, dann wäscht man die Morcheln fünf bis sechs mal in vielem Wasser, wobei sie in einem Siebe liegen, damit der Sand entfernt wird, schüttet sie in eine Kasserolle mit Wasser, läßt aufwallen, wäscht sie mehrmals in kaltem Wasser, schüttet sie in eine größere Kasserolle, bedeckt sie mit Bouillon, fügt Butter, Salz und Pfeffer hinzu und läßt die Morcheln kochen, bis sie sich leicht durchstechen lassen. Ist die Bouillon eingekocht, gießt man wiederum zu; nun macht man einen Buttermehlschwitze (das Mehl darf sich nicht gelb färben), rührt zwei Minuten um, gießt die Brühe, in der die Morcheln kochten, hinzu, streut einen Eßlöffel gehackte Petersilie hinein, läßt die Sauce einkochen, tut die Morcheln in die Sauce und lässt sie darin heiß werden.

## *Gefüllte Auberginen*

Die Auberginen werden der Länge nach aufgeschnitten, etwas ausgekratzt und eingesalzen. Sie werden dann in Butter gebraten, und die braune Haut wird entfernt. Hachierte [fein gehackte] Zwiebeln schwitzt man in Butter und kocht sie mit hachierten Champignons, den gleichfalls hachierten Abfällen der Auberginen und etwas Bouillon kurz ein. Die Masse wird mit geriebenem Weißbrot, gehackten Sardellen, Kapern und Petersilie vermischt; diese Farce wird in die Auberginen gefüllt. Sie werden dann mit Brösel bestreut, in Butter gesetzt und im Ofen fertig gebacken. Den Fond verkocht man mit brauner Sauce und gießt ihn darüber.

## *Finocchi (Fenchel)*

Die geputzten und gewaschenen Finocchi werden in Salzwasser blanchiert. Dann läßt man sie in einer zugedeckten Kasserolle mit etwas Speck, Butter, Wurzelwerk anschwitzen, gießt etwas Bouillon darauf, legt Thymian und ein Lorbeerblatt dazu und läßt die Finocchi beinahe weich kochen. Dann werden sie leicht paniert und mit Butterflocken im Ofen gebacken. – Oder man kocht die Finocchi ganz weich und reicht eine braune Kalbfleisch-, eine holländische oder Crevetten-Sauce dazu.

# Die Saucen

*La sauce est le triomphe du goût dans l'alimentation.*

Balzac

## *Bechamelsauce*

Aus einem Löffel Butter und anderthalb Löffel Mehl macht man eine weiße Schwitze, die auf kleinem Feuer zehn Minuten kocht; dann gießt man nach und nach drei zehntel Liter Milch und ebensoviel helle Bouillon dazu, schmeckt mit Salz, weißem Pfeffer und Gewürzen ab, rührt beständig um, damit sich alles gut mische, und läßt weitere zehn Minuten in offener Kasserolle kochen. Dann passiert man die Sauce durch ein feines Sieb und tut zuletzt ein kleines Stückchen Butter hinein. Man kann die Sauce auch folgendermaßen bereiten: Drei Zwiebeln werden in reichlicher Butter gedünstet, mit einer weißen Mehlschwitze, einem viertel Pfund Kalbfleische oder magerem rohen Schinken und einem halben Liter süßer Sahne, weißem Pfeffer und Zitronensaft aufgekocht und zuletzt durch ein Sieb gestrichen.

## *Sauce Mornay*

Eine dicke Bechamelsauce (siehe oben) wird mit etwas geriebenem Schweizerkäse oder Parmesankäse und Butter vermischt.

## *Die Béarnaise*

Ein halbes Weinglas Estragonessig mit gehackten Schalotten, Salz und Pfefferkörnern einkochen lassen. Erkaltet mit drei Eigelben und einem Löffel kalten Wassers im Wasserbad schlagen, und nach und nach zweihundert Gramm gesiebt, mit etwas Cayenne gewürzt und gehacktem Kerbel und Estragon vollendet.

## *Sauce au beurre noir*

Eine sehr einfache Sauce, die zu pochiertem Fisch, besonders zu lachsartigen Fischen wie Makrelen usw. gut paßt und eine Variation unserer landläufigen braunen Butter darstellt. Man läßt Butter in einer Kasserolle zergehen, bis sie braun ist, tut dann gehackte Petersilie hinein und gießt die Butter in eine Saucière oder über das Gericht, für das sie bestimmt ist; dann kommt etwas Essig in die Kasserolle, der, wenn er heiß ist, gleichfalls über die Butter gegossen wird. Einige Kapern geben dieser Sauce eine besondere Pointe.

## *Holländische Sauce*

Im Wasserbad Eigelbe schlagen, nach und nach Butterflöckchen, Pfeffer, Salz, Zitronensaft, etwas kaltes Wasser hinzufügen.

## *Sauce verte*

Die berühmteste Frühlingssauce der Franzosen, die hauptsächlich zu kaltem Lachs oder kaltem Roastbeef gegeben wird. Man stellt sie her, indem man einfach Mayonnaise mit blanchierten und durchpassierten Kräutern mischt, oder man bereitet sie speziell nach folgendem Rezept: hartes Eigelb wird mit Sardellen feingerieben, mit einer Kräuterpüree vermengt und mit Öl, Estragonessig und Senf verlängert.

## *Sauce Colbert*

Eine der besten Entdeckungen der neueren Küche. Außerordentlich fein im Geschmack, ist diese Sauce für Braten ebenso verwendbar wie für gekochte Fische, grilliertes Fleisch und gebackene Fische. Aufgekochte Bouillon wird mit Zitronensaft und etwas Muskat vermischt und nach und nach mit drei Teelöffel Butter aufgeschlagen; dann kommen gehackte Petersilie und ein Teelöffel kaltes Wasser hinzu. (Da Butter der Hauptbestandteil der Sauce ist, wird sie auch *Colbertbutter* genannt.) Es gibt eine englische Colbertsauce, bei deren Herstellung Zitrone und Petersilie wegfallen. Es wird Worcestershiresauce mit Anchovisessenz eingekocht, um mit Bouillon und Butter vermischt zu werden.

## *Sauce bordelaise*

Man reicht sie, will man ein Filet oder ein Roastbeef interessanter machen, oder zu allen grillierten Fleischspeisen. Rotwein wird mit Wurzelwerk gekocht, mit brauner Grundsauce vermischt und eingekocht. Zuletzt kommen gehackte, in Butter geschwitzte Schalotten und Ochsenmarkstücke in die Sauce.

## *Sauce Maître d'hôtel*

Man läßt in einer Kasserolle Butter (im Wasserbad) zergehen und fügt gehackte Petersilie und Zitronensaft hinzu.

## *Sauce Ravigote*

Eine würzige warme Kräutersauce, die zu Huhn mit Reis, zu gedämpfter Pute, zu verlornen Eiern usw. ausgezeichnet mundet. Kresse, Kerbel, Estragon und Petersilie legt man in einen Napf, begießt die Kräuter mit kochendem Wasser, deckt sie zu und läßt sie drei viertel Stunden ausziehen; mit dem Kräuterwasser wird weiße Grundsauce eingekocht. Man gießt etwas Weißwein daran und zieht die Sauce mit Butter auf. – Die Sauce Ravigote läßt sich auch auf folgende Manier zubereiten: Weiße Grundsauce mit Eidotter abziehen, durch Pfeffer und kurzeingekochten Essig schärfen, mit Butter fertig machen. Zuletzt tut man blanchierte und durchgestrichene Kräuter an die Brühe.

## *Italienische Sauce*

Zu Artischocken oder Fisch zu reichen. Ein kleiner Löffel hachierte [gehackte] Schalotten werden in Butter geschwitzt und mit einem Glas Weißwein versetzt. Dies läßt man auf zwei Drittel einkochen, fügt Bouillon, Tomatenpüree, zwei feinhachierte Champignons und wenig kleingeschnittenen mageren Schinken oder Pökelzunge hinzu, läßt das Ganze acht bis zehn Minuten kochen und tut zuletzt gewiegte Petersilie und Estragonblätter daran.

## *Weißweinsauce*

Unter zerlassener Butter wird etwas Mehl gerührt, und dies wird mit dem heißen Fond eines in Weißwein gekochten Fisches aufgefüllt. Nachdem man die Masse kurz hat aufkochen lassen, wird sie mit Eigelben und Sahne legiert und mit Butter aufgezogen. Man nehme nicht zu viel Butter, damit die Sauce nicht zu dick werde und gerinne.

## *Mintsauce*

Mint wird fein gehackt, in eine Schüssel gelegt, mit kochendem Wasser versehen und zugedeckt. Die Mischung bleibt zehn Minuten stehen. Dann kommt etwas Salz, Pfeffer, ein wenig Essig und Bouillon, sowie etwas Puderzucker hinzu, die Sauce wird kalt serviert.

## *Kalte Kräutersauce*

Ist wegen der Einfachheit besonders zu empfehlen. Wird zu Ochsenfleisch oder Suppenhuhn gegeben. Man kocht drei Eier hart; das Gelbe wird mit Öl verrührt, das Weiße in kleine Würfel gehackt. Hinzu kommen: ein Teelöffel Mostrich, Salz, gestoßener Pfeffer, Essig, Zucker, etwas geriebene Zwiebel, gehackter Schnittlauch und Petersilie. Dies wird mit einigen Löffeln Bouillon vermischt und kaltgestellt.

## *Cumberlandsauce I*

Johannisbeergelee wird mit englischem Senf längere Zeit gerührt und mit Portwein (evtl. mit Rotwein) verlängert. Man tut abgeriebene Zitronen- oder Orangenschale daran.

## *Cumberlandsauce II*

Man macht eine gute Mischung von drei Eßlöffel Johannisbeergelee, ein viertel Liter Rotwein, dem Saft und den gebrühten, in Julienne geschnittenen Schalen einer Apfelsine und einer halben Zitrone, einen Teelöffel Mostrich, einer Messerspitze Pfeffer und einem Eßlöffel blanchierte, gehackte Schalotten.

## *Sardellensauce*

In eine Mehlschwitze Zwiebeln hineinreiben, die gewässerten und durchpassierten Sardellen, Zitronensaft und saure Sahne hinzutun, mit Mostrich schärfen.

## *Die Mayonnaise*

Man rührt rohe Eigelbe mit Salz und Pfeffer einige Minuten, gießt dann tropfenweise unter beständigem Rühren Öl hinzu und schmeckt zuletzt mit Essig oder Zitronensaft und nach Belieben mit Senf ab. – Um die Mayonnaise leichter zu gestalten, kann man vor dem Anrichten etwas ungesüßte geschlagene Sahne oder nur rohe Schlagsahne untermischen.

## *Die Remouladensauce*

Ist eine Mayonnaise mit durchgestrichenen Kräutern, deren charakteristisches Merkmal eine reichliche Dosis Senf ist. Statt der Kräuter kann man auch eine Masse von durchgestrichenen Sardellen, Kapern, Pfeffergurken (oder Cornichons) und Schalotten nehmen und statt der rohen Eier harte Eidotter oder eine Mischung von rohen und harten Dottern.

## *Meerrettichsauce*

Schlagsahne wird geschlagen, bis sie fest ist, mit wenig Salz, einer Spur Cayennepfeffer und dem fein geriebenen Meerrettich untermischt.

## *Sauce Gribiche*

Zu kaltem Lachs oder Fischen in Aspik. Ein Art kalter Ravigotesauce. Man tut in einen Napf zwei Prisen Salz, eine Prise weißen Pfeffer, ein hartes Eigelb, einen Teelöffel englischen Senf, einen Eßlöffel Estragonessig. Dies alles wird mit dem Schneebesen geschlagen; drei Eßlöffel Öl werden tropfenweise hinzugefügt. Schließlich mischt man einen Teelöffel blanchierte und gehackte Kräuter in die Masse und zuletzt das kleingewiegte harte Eiweiß.

MAX

# Süsse Speisen

*Vermeinst du, weil du tugendhaft seiest,*
*solle es in der Welt keine Torten*
*und keinen Wein mehr geben?*

*Shakespeaere*

## *Parfait vom Kaffee*

Nach Martha Liebermann

Dreihundert Gramm Butter werden zu Sahne gerührt; dann kommen zweihundertfünfzig Gramm Zucker hinzu und nach und nach sechs Eidotter. Von vier Lot Kaffee [ca. fünfundsechzig Gramm] wird eine kleine Tasse Extrakt gebrüht, den man tropfenweise, unter beständigem Rühren, der Masse hinzufügt. Die Form wird mit Butter ausgestrichen, ringsum mit Biskuits ausgelegt, ebenso der Boden. Dann kommt abwechselnd eine Lage Creme und eine Lage zerbröckelte Biskuits hinein, bis die Form voll ist. Das Parfait muß früh am Morgen gemacht und eine Stunde vor dem Anrichten aus der Form genommen werden. Schließlich wird das Parfait mit Schokoladenguß überzogen und mit Schlagsahne garniert.

## *Apfelreis auf mecklenburgische Art*

Milchreis wird breiig aufgekocht, in eine Schüssel getan und oben mit einer dicken Schicht fein gesüßter, warmer Apfelpüree versehen.

## *Apfelreis*

Ein Tassenkopf Reis, ein Pfund Äpfel, ein viertel Pfund Sultaninen, etwas Zitronenschale, Zucker und Butter. Der Reis wird blanchiert und mit Wasser gekocht. Die Äpfel werden zu Mus gekocht und in den Reis getan, ebenfalls die gereinigten Sultaninen. Langsam gar kochen, zuletzt ein Stück Butter hinein. – Man kann halbierte Äpfel in Wein dünsten und den Reis damit belegen. – In Österreich garniert man mit Baisers.

## *Apfelschnee*

Man schlägt Eiweiß zu festem Schnee, vermischt es mit warmem, mit Vanille gekochtem Apfelmus, füllt die Masse in die Form und backt sie in mäßig heißem Ofen.

## *Äpfel mit spanischem Wind*

(warm)

Ganze, geschälte und ausgestochene Äpfel werden mit Zucker, etwas Wasser und Zitronenschale gedünstet, dann in eine gebutterte Auflaufform gestellt, Marmelade und der Schnee von zwei Eiern darübergestrichen und grob gesiebter Zucker mit Zitronengeschmack bergartig über das Ganze gehäuft. Muß im Ofen hellgelb gebacken werden.

## *Kirschenofenschlupfer*

Schwäbisch

Sechs Semmeln werden in Milch geweicht. Hundert Gramm Butter wird gerührt, die ausgedrückten Semmeln werden fein verzupft, nach und nach mit vier Eigelben, Zucker und etwas Zimt an die Butter gerührt. Zuletzt kommen zwei Pfund entsteinte Kirschen und der Eierschnee zu der Masse. In der gebutterten, gebröselten Form backen. Dann stürzen oder in der Form abgekühlt servieren.

## *Kalter Pudding der Auvergne*

(für vier Personen)

Hundertfünfundzwanzig Gramm Schokolade in einem halben Liter süßer Vanillemilch kochen. Dreißig geschälte Maronen in Milch ohne Zucker kochen, im Mörser stoßen, mit der Schokolade mischen, drei ganze Eier hinzufügen. Die Masse in eine karamelisierte (mit braunem Zucker ausgegossene) Charlottenform gießen, im Wasserbad etwa eine Stunde kochen. Dazu englische Crème mit Rumgeschmack servieren.

## *Englische Crème*

Englische Crème: drei Eigelb, Puderzucker, ein achtel Liter Milch. Im Wasserbad rühren. Zuerst Zucker und Eigelb, dann nach und nach die Milch zugeben. Die Creme darf nicht zum Kochen kommen. Ist sie erkaltet, fügt man den Rum hinzu.

## *Sabayon*

Ist in Italien, wo er herstammt ein Entremet [Zwischengericht] für sich und wird in Gläsern warm oder kalt serviert. Man bereitet ihn dort mit Weißwein, auch mit Marsala, Portwein oder Madeira; bei der Bereitung mit Weißwein wird oft nach dem Schlagen im Wasserbad (er darf nie kochen) etwas Maraschino beigemischt. Wir geben den Sabayon gewöhnlich als Sauce zu warmen Speisen und nennen ihn dann Weinschaum oder Sauce Château. Zubereitungsart: Man schlägt in einer Kasserolle (im Wasserbad) vier Eigelbe mit drei Eßlöffel Puderzucker und zwei Deziliter Weißwein, etwas Vanille oder Zitronen- oder Orangensaft so lange auf gelindem Feuer, bis alles schaumig ist. Kompotte wie Kirschen, Pfirsiche, Äpfel mit Sabayon bedeckt, sind ein feiner, einfacher Nachtisch.

## *Orangengelee*

Ein viertel Liter Wasser und eine Stange Vanille werden eine halbe Stunde gekocht. Dann fügt man ein halbes Pfund Zucker, die dünn geschälte Schale von drei Apfelsinen und zehn Blatt aufgelöste Gelatine hinzu. Die Masse wird durch ein Sieb passiert und mit dem Saft von zwölf Apfelsinen, zwei Zitronen und einem Glas Curaçao in eine Form gegossen, die in Eis gepackt wird. Die Gelee muß sehr gut frieren. Gestürzt wird sie mit gehackten Pistazien bestreut.

## *Orangenauflauf*

(für fünf Personen)

Fünf Orangen abschälen, auspressen. Von einer Orange die Schale fein hacken. Ein Eßlöffel Maizena [Stärkemehl] mit dem Saft der Orangen in Puderzucker lösen, kochen lassen. Vier Eigelb und die Orangenschale dazurühren, bis die Masse cremig ist. Den festgeschlagenen Schnee von fünf Eiweiß untermischen, in gebutterter, mit Zucker ausgestreuter Form backen.

## *Orangen in Maraschino*

Kleine feste Orangen werden so geschält, daß die ganze Haut entfernt ist, die Orange bleibt ganz, wird aber in Querscheiben geschnitten. Die ganze Orange kommt in ein Glas mit etwas Maraschino und wird gezuckert.

## *Zitronencreme*

Auf zweihundertfünfzig Gramm Zucker reibt man die Schale von zwei Zitronen ab, stößt den Zucker, vermischt ihn mit vier Eidottern, einem ganzen Ei, dem Saft von zwei Zitronen, einer Tasse Weißwein und schlägt die Masse im Wasserbad zu dickem Schaum. Dann fügt man aufgelöste Gelatine vorsichtig dazu, schlägt bis zum Erkalten, mischt einen halben Liter Schlagsahne darunter füllt in die Form und stellt sie auf Eis.

## *Rote Grütze*

Ein Pfund Himbeeren, ein Pfund rote Johannisbeeren werden mit wenig Wasser einmal aufgekocht, ein Pfund saure Kirschen werden weich gekocht, alles wird dann durch den Fruchtbeutel gedrückt. Die Masse muß ein Liter sein. Achtzig Gramm Maizena [Stärkemehl] werden in einem kleinen Teil der Masse angerührt und einmal mit der Masse aufgekocht. Zucker nach Geschmack. Kalte Sahne, Vanillesauce oder Schlagsahne. Die rote Grütze schmeckt besser, wenn man sie den Tag vorher macht und kalt stellt.

## *Maronenauflauf*

(für vier bis sechs Personen)

Ein Pfund Kastanien abschälen, in kochendem Wasser brühen, die Haut abziehen, in einem halben Liter Milch weich kochen, durchs Sieb drücken. Siebzig Gramm Butter mit siebzig Gramm Zucker schaumig rühren, nach und nach fünf Eigelb, die Kastanien, drei Eßlöffel Maraschino oder Curaçao und zuletzt den Eierschnee dazu. Der Auflauf backt eine halbe Stunde bei mäßiger Hitze.

## *Englische Stachelbeercreme*

Die gekochten Stachelbeeren werden durch ein feines Sieb gestrichen. Ein viertel Liter Kaffeesahne, sechs Eigelbe, eine halbe Stange Vanille, hundert Gramm Zucker und zwei Eßlöffel Maizena [Stärkemehl] werden auf dem Feuer, im Wasserbad, zu einer dicken Creme abgerührt, durch ein Sieb gedrückt und kalt gestellt. Acht Blatt Gelatine werden in Wasser gelöst und zur Creme gefügt. Nun rührt man die Stachelbeeren darunter, zieht zuletzt den Schnee der Eiweiße vorsichtig unter die Creme, füllt die Masse in eine Form und stellt sie auf Eis. Vor dem Anrichten stürzt man die Form, garniert mit Früchten und reicht eine Fruchtsauce dazu.

## *Savarin*

Ein halbes Pfund Mehl, ein viertel Pfund Butter, dreißig Gramm Zucker, fünfzehn Gramm Hefe, Salz, zwei Eier, etwa ein viertel Liter Milch. – Die Hefe mit lauwarmem Wasser auflösen, mit Mehl anwirken und zum Aufgehen stellen. Mehl, Eier, Zucker, Salz, die nötige Milch zu einem recht zähen Teige verschärfen, Butter und die aufgegangene Hefe darunter ziehen und zum Aufgehen stellen. Dann in die Form füllen, von neuem aufgehen lassen und in ziemlich heißem Ofen backen. Vor dem Servieren in einen heißen Sirupkirsch tauchen. In die Mitte ein Sabayon mit Marsala gießen und ringsherum mit eingemachten Melonenschnittchen garnieren.

# Bäckereien

*Die Pâtisserie ist die Musik des Gaumens.*

## *Makronen*

Der Schnee von zwei Eiweißen wird mit einem halben Pfund gebrühter, geschälter, durch die Mandelmühle getriebener Mandeln und mit einem halben Pfund Zucker verrührt. Wenn der Teig geschmeidig ist, setzt man kleine Häufchen auf das gebutterte Blech und backt sie zwanzig bis dreißig Minuten im schwach geheizten Ofen.

## *Teekuchen*

Schmecken am besten frisch zu Gefrorenem. Ein halbes Pfund Butter, ein halbes Pfund Mehl, ein viertel Pfund Zucker werden rasch geknetet; man legt den Teig eine Weile kalt. Dann rollt man ihn dünn aus und steckt ihn mit einem Likörglas ab. Muß schnell gebacken werden. Schließlich werden die Kuchen mit Gelee bestrichen; je zwei Stück werden aufeinandergelegt und in Vanillezucker gewälzt.

## *Teestangen*

Hundertvierzig Gramm gekochte und geriebene Kartoffeln, hundertvierzig Gramm Butter, hundertvierzig Gramm Mehl und eine Prise Salz werden auf dem Backbrett verarbeitet. Dünn, wie ein Messerrücken ausgewalzt und mit Ei bestrichen. Aus dem Teig radelt man Stangen, die zehn Zentimeter lang und einen Zentimeter breit sein müssen, bestreut sie mit Kümmel und läßt sie auf trockenem Blech langsam backen.

## *Französische Apfeltorte*

Französischer Mürbteig: ein viertel Pfund Mehl, ein viertel Pfund Butter, ein viertel Pfund Zucker, ein Ei und zwei Eidotter, einige Tropfen Kognak. Mit diesem Teig wird eine Tortenform ausgelegt. Zunächst wird der Teig halb gar gebacken. Dann breitet man eine dünne Schicht Aprikosenkonfitüre darüber und legt seine Scheiben von rohen, mürben Eßäpfeln dicht aneinander, bestreut sie mit Zucker und bepinselt sie mit Butter. Dann wird die Torte im Ofen fertig gebacken. – Man nimmt säuerliche Äpfel, da süße beim Backen leicht hart und ledern werden.

## *Apfeltorte nach Biedermeier-Art*

Am Tage vor dem Gebrauch werden fünf Pfund entkernte Äpfel in Stücke geschnitten und mit ein halbes Pfund und einem Likörglas Kognak oder Rum aufgesetzt. Hinzu kommen ein halbes Pfund Sultaninen, stiftlich geschnittene Mandeln und Zitronat. Der Teig: ein Pfund Mehl, ein halbes Pfund Butter, ein halbes Pfund Zucker, zwei Eier, abgeriebene Zitronenschale und geriebene Mandeln. Die ausgeschmierte große Form wird mit Teig ausgelegt, die Apfelmasse wird eingefüllt und mit einem Teigdeckel geschlossen. Im heißen Ofen backen.

## *Apfelstrudel*

Ein halbes Pfund Mehl eine halbe abgeriebene Zitrone, ein zehntel Pfund Butter, zwei Eier, eine Prise Salz, zwei Löffel Zucker, zwei halbe Eierschalen lauwarmen Wassers. Dies alles wird verknetet bis es weich ist; dann wird der Teig eine halbe Stunde lang kräftig auf das Brett geschlagen, das stets wieder mit Mehl bestreut wird, damit der Teig nicht klebe. Ist dies erledigt, so ruht der Teig eine halbe Stunde unter einer heißen Kasserolle. – Füllung: Zwei Pfund Äpfel werden in feine Scheiben geschnitten und mit einem viertel Pfund Sultaninen, einem viertel Pfund Zucker und etwas geriebener Semmel vermengt. – Den Teig teilt man in zwei Hälften. Jede Hälfte wird auf einem Tischtuch so fein wie Handschuhleder ausgezogen. (Die Wiener, sagt man, sind erst zufrieden, wenn sich ihr Strudelteig vom Küchentisch bis zum Stefansturm zieht.) Der Teig muß also möglichst groß sein. Jetzt kommt die Füllung hinein; beim Zusammenrollen legt man kleine Butterflöckchen dazwischen und oben auf. Der Strudel backt im Ofen eine halbe Stunde und wird dann in Stücke geschnitten. Er kann warm und kalt gegessen werden.

## Haselnußschnitten

Drei Eiweiß, ein Pfund geriebene Haselnüsse (oder ein halbes Pfund Nüsse, ein halbes Pfund Mandeln), ein Pfund Puderzucker. Die Eiweiß werden zu steifem Schnee geschlagen und mit dem Zucker zwanzig Minuten gerührt. (Von dieser Masse reserviert man eine Tasse voll zur Glasur, der man den Saft einer halben Zitrone zusetzt.) Die Nüsse und die Vanille kommen in den Eierschnee. Das Ganze wird gut zu einem Teig verknetet, dünn ausgerollt, in Streifen geschnitten, mit der Glasur bestrichen, auf ein ausgeschmiertes Blech gelegt und hellgelb gebacken.

## Schokoladentorte

(warm und kalt zu genießen)

Anderthalb viertel Pfund Schokolade wird mit einem halben Viertel Butter und einem Viertel Zucker auf dem Feuer im Wasserbad sehr gut verrührt. Ist alles aufgelöst, werden vier Eigelbe und zuletzt der Schnee der Eier untergemischt. Die Masse backt in einer kleinen, gut ausgeschmierten Tortenform ungefähr eine halbe Stunde.

## Kaffeekuchen

Vier Eigelbe, zweihundertfünfzig Gramm Butter, zweihundertfünfzig Gramm Zucker, zweihundertfünfzig Gramm Mehl, Vanille, Zitronenschale, das Weiße zu Schnee wird unter die Masse gezogen. Der Teig wird aufs Backbrett gestrichen, mit Sultaninen und Mandeln bestreut, halb gar in schräge Streifen geschnitten und fertig gebacken.

## Schlesischer Prasselkuchen

Ein Achtel Butter wird zu Sahne gerührt, ein Viertel Zucker, ein Viertel Grießmehl und drei Eiweiß gut darunter gemengt. Auf gebuttertem Blech dünn streichen, mit Streusel bestreuen, in heißem Ofen zehn Minuten goldbraun backen, warm schneiden. Streusel: ein Viertel mit einem Viertel Zucker und einem Viertel zerlassener Butter mischen.

## *Maronentorte*

(schickt sich in die Winterzeit)

Anderthalb Pfund Maronen brühen, abziehen, in Zuckerwasser weich kochen, alles durch ein feines Sieb treiben. Sodann werden zwei Eidotter mit Zucker, ein Eßlöffel Butter und etwas Vanille verrührt. Dies wird mit der Masse zwanzig Minuten gerührt, mit dem Schnee der Eier unterzogen und in kleiner Form gebacken. Ein Schokoladenguß. Oder Schlagsahne, bergartig, wie eine Bombe darübergehäuft.

## *Dänischer Sandkuchen*

Vier Eier, ein halbes Pfund Butter, ein halbes Pfund weißes Mehl oder Kartoffelmehl, ein halbes Pfund Zucker, zwei Eßlöffel Rum. Die Butter wird zu Sahne geschlagen; dazu kommen nach und nach die Eigelbe, der Zucker, das Mehl; wird eine halbe Stunde gerührt. Nun wird der Rum und der Eierschnee unter die Masse gezogen. In ausgeschmierter Form eine bis anderthalb Stunden backen.

## *Zitronenkuchen mit Guß*

Ein Ei, ein achtel Pfund Butter, zwei Tassen Mehl, eine Tasse Zucker, eine halbe Tasse Milch, ein Backpulver, Saft und Schale einer Zitrone werden tüchtig verrührt und zum Teig geknetet. Der Kuchen wird in der Kastenform gebacken. Auf den noch heißen Kuchen gießt man den mit feinem Zucker zum Guß verrührten Saft einer Zitrone.

## *Käsetorte*

Ein Viertel Butter zu Sahne verrührt. Fünf Eigelbe, ein knappes halbes Pfund Zucker, eine halbe Stange Vanille, ein achtel Pfund süße geriebene Mandeln, vier bittere geriebene Mandeln, eine Handvoll Korinthen, zwei Pfund gutausgedrückten weißen Käse [Quark, Schichtkäse], vier Eßlöffel Semmelbrösel, – dies alles wird gut gerührt, mit dem Eierschnee unterzogen mit einem knappen Teelöffel Backpulver versetzt und in der Tortenform bei mäßiger Hitze gebacken.

## *Käseplätzchen*

(die man auch zu Bouillon reichen kann)

Hunderfünfzig Gramm geriebenen Käse, ein viertel Pfund Butter, einen Löffel Sahne, Mehl, soviel der Teig annimmt, werden verarbeitet, ausgerollt, in fingerstarke Stücke ausgeradelt, gebacken und heiß serviert.

## *Canapés von Käse*

(warm)

Weißbrotscheiben werden hellbraun geröstet, mit geriebenem Chester- oder Parmesankäse, dem etwas Butter, Eigelb und Cayenne beigemischt ist, dick belegt und schnell im heißen Ofen gebacken. – Man kann auch einfach nur ein Stück Chesterkäse auf das Brot legen, es mit Cayenne bestreuen und backen.

## *Käsestangen aus Blätterteig*

Der Blätterteig wird beim letzten Ausrollen mit Ei bepinselt und mit Chesterkäse bestreut. Danach schneidet man kleine Stangen und bäckt sie. – Der Käse kann auch in den Teig eingerollt werden.

## *Ramequins*

Man läßt hundert Gramm Butter mit dreihundert Gramm Mehl hellgelb schwitzen, setzt drei achtel Liter Milch dazu, röstet die Masse kurz. Dann rührt man drei ganze Eier und drei Eigelbe dazu, etwas Salz Pfeffer und Zucker, hundert Gramm geriebenen Parmesan- und hundert Gramm Schweizerkäse, der in kleine Würfel geschnitten ist. Zuletzt zieht man die Eierschnee unter die Masse, füllt sie in Kästchen oder formt mit dem Löffel Häufchen auf das Blech, streut abermals Würfel von Schweizerkäse darüber und läßt die Ramequins langsam backen. – *Oder*: ein viertel Liter Milch wird mit hundert Gramm geriebenem Schweizerkäse, zwei Eiern, Salz, Muskat, Pfeffer, einem Teelöffel Mehl in einer Schüssel gemengt. Förmchen werden mit Butterteig ausgelegt und in jede Form ein erbsengroßes Stückchen Butter getan. Eingefüllt und heiß gebacken.

# Getränke

*Wir hatten Burgunderwein von acht oder zehn verschiedenen Sorten.*
*Man kann sie Blumensträußen vergleichen.*
*Im Verein mit einer interessanten Unterhaltung*
*– aber das ist eine conditio sine qua non –*
*erhöhen sie die Entrücktheit des Augenblicks.*
*Sie machen den Menschen für einige Stunden gut und fröhlich.*
*Und es ist eine Dummheit von uns, die so selten gut, so selten fröhlich*
*sind, die Wunder der heiligen Flasche zu vernachlässigen.*

Stendhal

## *Waldmeisterbowle*

Man senke ein bis zwei Bund Maikräuter mit den Blättern in ein großes Glas Weißwein und läßt sie darin eine halbe Stunde ziehen; die Stengel müssen unbenetzt bleiben. Zu dieser Essenz werden drei bis vier Flaschen Wein gegossen und Zucker nach Geschmack. Eine Flasche Sekt. Die Rheinländer tun auch einige Apfelsinenscheiben mit der Schale hinein.

## *Pfirsichbowle*

Man nimmt reife Pfirsiche, entfernt die Haut und läßt sie eingezuckert einige Stunden stehen. Für diese Bowle eignet sich Rheinwein besser als Moselwein. Ein leichter Sekt ist unbedingt zu empfehlen. Zucker nach Geschmack.

## *Zitronenbowle*

Wurde früher ›*Kürassierbowle*‹ genannt, weil das älteste preußische Reiterregiment sich durch die Erfindung und Vervollkommnung dieser Bowle bleibende Verdienste erworben haben soll. Der Saft mehrerer in Scheiben geschnittenen Zitronen wird durch dazwischengelegte Zuckerstückchen aufgesogen; dieser Zucker kommt in die Bowle, die Zitrone selbst bleibt fort. Der Bowlenkörper besteht aus einer Flasche Rhein- oder Moselwein, einer Flasche Champagner und einem großen Glase roten Burgunders.

## *Mecklenburger Punsch*

Eine Flasche Tee, vier Flaschen Rotwein, eine kleine Flasche Kognak, eine Flasche Portwein, eine halbe Flasche Madeira und zwei Pfund Zucker, der auf zwei Zitronen abgerieben worden ist, werden bis zum Kochen gebracht.

## *Weinpunsch*

Eine Flasche roter Bordeaux, hundert Gramm Zucker, zwei Flaschen Wasser, eine halbe Flasche Arrak, der Saft einer Zitrone. Wein und Zucker läßt man sieden heiß werden, aber nicht aufkochen; dann fügt man das kochende Wasser hinzu, zuletzt Arrak und Zitronensaft.

## *Kalte Ente*

Nach Joachim Zimmermann

Zwei Flaschen leichter Rheinwein oder Pfälzer und eine Flasche Apfelsekt werden zusammen über Zitronenscheiben gegossen, die nach einigen Minuten wieder entfernt werden. Hinzu kommen ein Glas Curaçao und geläuterter Zucker.

## *Cup*

Je ein Glas weißer Curaçao, feiner Kognak, gelbe Chartreuse; eine Flasche weißer Burgunder; eine halbe Flasche Mineralwasser. In diese Mischung werden Weintrauben, Erdbeeren, sowie horizontal geschnittene Orangen und Zitronen geschüttet.

## *Oeil de boeuf*

Ein rohes Ei wird in ein Glas geklopft und leicht mit Cayennepfeffer gepudert; hinzu kommen zwei Löffel alter Cherry. (Amerikanisches Morgengetränk)

## *Knickebein*

In ein Cocktailglas gibt man vorsichtig, damit sie sich nicht mischen, je ein halbes Glas folgender Liköre: Crème de Cacao à la Vanille, Maraschino, Curaçao Marnier, grüne Chartreuse und Fine Champagne; ein Eidotter sacht dazugleiten lassen, noch ein halbes Likörglas Benediktiner darüber gießen.

## *Tango Cocktail*

Ein halbes Glas Gin (Wacholderbranntwein), ein viertel Glas italienischer Wermut, ein kleines Likörglas Apricotbrandy, zwei Löffel Eis. Rühren und passieren.

## *Brandy-Julep*

In einem Napf mischen: ein Madeiraglas Kognak, einen Teelöffel frisch gehackter Minte, einen Teelöffel Zuckerwasser, ein halbes Likörglas grüner Chartreuse, ein halbes Likörglas Curaçao Marnier. Gut rühren und die Mischung durch ein Sieb in ein mit Eis gefülltes Sektglas gießen. Etwas frische Minte hinzufügen, zwei Erdbeeren, zwei Himbeeren, zwei blaue Weintrauben. Mit Halmen servieren.

## *Mosel-Cup*

Eine Flasche Mosel, eine Flasche Selterswasser, ein Glas Kognak, ein kleines Glas Curaçao, fünf bis sechs Scheiben Ananas, die feingeschnittene Schale einer halben Zitrone, etwas Gurkenkraut (Borretsch), Puderzucker nach Belieben. Diese Zutaten marinieren mindestens zwanzig Minuten in einem Gefäß; mit einem Löffel umrühren, ein Stück Eis dazu.

## *Champagner-Cocktail*

In ein Sektglas: einen Löffel zerstoßenes Eis , einen Teelöffel Zuckerlösung, vier Tropfen Angosturabitter, ein Glas Curaçao, Champagner, bis das Glas voll ist; umrühren, mit etwas Zitronenschale und Strohhalmen servieren.

[ Julius und Julie Elias in der Sommerfrische in Oberstdorf, 1915 ]

# Nachwort

## *Kochkunst als Lebenskunst: Julie Elias, Führerin durch die feine Küche*

Die Modejournalistin und »Kochkünstlerin« Julie Elias (1866–1945) gehört zu den großen ›Vergessenen‹ des letzten Jahrhunderts. Weltläufig, außerordentlich gebildet, zu ihren Lebzeiten über Deutschlands Grenzen hinaus bekannt und erfolgreich als kulinarische Salonière und Schriftstellerin, ist der Nachwelt kaum eine Erinnerung von ihrem Ruhm, ihren Leistungen geblieben. Die Spuren ihres Lebens verlieren sich vor der Befreiung 1945 im besetzten Norwegen; Spuren ihres Namens finden sich heute, nach der Katastrophe der Vernichtung des europäischen Judentums, im öffentlichen Gedächtnis so gut wie keine.

Dabei stand an der Wende vom 19. zum 20. Jahrhundert das Ehepaar Julie und Julius Elias (1861–1927) als Kunstsammler und Mäzene im Zentrum einer ästhetisch-intelligenten Geselligkeit, die in ganz besonderer Weise auch dem kulinarischen Genuss zugetan war. Die Dame des Hauses wurde zeitgenössisch als »Kochkünstlerin« gepriesen, und sogar die Kochkunst des Hausherrn war weithin bekannt. Der Schriftsteller Otto Flake vermerkt in seinen Lebenserinnerungen, dass Julius Elias »selbst im Krieg exquisit zu kochen verstand.«[30] Fremden Küchen gegenüber hingegen war der Kenner skeptisch; ein Umstand, der so manch Einladung verkomplizierte, wie das Beispiel des folgenden Briefes an Julie Elias aus der Feder des in Paris lebenden Journalisten Paul Block vom 17. März 1924 zeigt:

*»Meine hochverehrte gnädige Frau!*
*Ich hatte die Absicht, Sie und Ihren Gatten zu bitten, am nächsten Sonnabend bei mir zu frühstücken und wäre sehr glücklich, wenn Sie meine Einladung annehmen würden. Da ich die Sorge von Julius Elias gegen eine ihm unbekannte Küche kenne, wollte ich Sie bitten, dem Meister zuzureden: die Frauen sind immer mutiger als die Männer. Natürlich bin ich mir der Grösse der Unternehmung vollkommen bewusst der Dichterin des Breviers der feinen Küche unwürdige Proben ihrer Schule vorzusetzen – aber ich bemerke zum Trost, dass ich mich in der langen Zeit meiner Einsamkeit für so festliche Gelegenheiten eingeübt habe.* [...] *Vielleicht bleiben Sie dort noch eine Woche länger, dann rechne ich bestimmt auf eine gütige Zusage. Geht das aber nicht, dann würde ich*

*Sie und Ihren Gatten bitten, wenigstens in einem Restaurant meine Gäste zu sein, vielleicht am Donnerstag. Er hat allerdings drohend abgewinkt – aber weshalb wollten Sie einem alten, einsamen Herrn nicht die Freude machen? Ich würde dann Boeuf à la Mode oder Gaulain [?] oder der Drouant an der Gare de l'Est (der besser ist als der andere) oder eines der verrückten russischen Restaurants vorschlagen, ganz nach Ihrer Wahl!«* [31]

Das Ehepaar Elias nahm besonderen Einfluss auf die Entwicklung der Moderne in Literatur, Malerei und im Falle Julie Elias auch auf die der Kochkunst genommen: Die deutsche Literatur verdankt dem Nordisten und Übersetzer Julius Elias die ›Entdeckung‹ Henrik Ibsens, für die Malerei und Kunstgeschichte war die ›Entdeckung‹ Edvard Munchs bahnbrechend, und für so manches junge Talent waren Zuspruch und ›Starthilfen‹ von Julius Elias lebenswichtig und entschieden über eine eventuelle Karriere; Beispiele hierfür sind u.a. die Designerin Marianne Ahlfeld-Heymann und der Dramatiker Carl Zuckmayer.[32]

Die Kochkunst verdankt Julie Elias den Anstoß zu einer an den Forderungen nach Zeitersparnis und Moderne ausgerichteten und damit an die veränderten Lebensverhältnisse nach dem Ersten Weltkrieg angepassten Küche, die rückgebunden ist an die große französische Küchentradition und die deutsche bürgerliche Küche. Julie Elias sieht diese beiden Küchen nicht als voneinander getrennt an »wie etwa die erste Klasse von der dritten Klasse auf der Eisenbahn«[33], sondern auf denselben Grundsätzen aufbauend: aus besten Produkten hergestellt, schmackhaft, nicht überladen, abwechslungsreich und appetitlich angerichtet sollen die Gerichte sein.[34]

Die Publikationen zum Kochen von Julie Elias heben sich von der zeitgenössischen Kochbuchliteratur dadurch ab, dass in ihnen Küchenhandeln ebenso ernst genommen wird wie künstlerisches Handeln. In ihren Küchenschriften wird eine Auffassung von Kochen und Essen vertreten, die wir heute gerade dabei sind auch außerhalb professioneller Kreise wiederzuentdecken: nämlich die, dass Kochen und ebenso Essen mit bewußter Geschmacksbildung, Erfahrung und Können zu tun haben. Wir begegnen einer Wertschätzung der Küchentätigkeiten und des Kochens, die diese nicht als etwas Niederes oder Profanes verstanden wissen will, und schon gar nicht als etwas, was nur Nahrungsaufnahme zum Ziel hat; Kochen ist für Julie Elias ein Akt der Kultur und bildet zusammen mit dem Essen den Ausgangspunkt reflektierter, erlernbarer Sinnlichkeits- und Geschmackserlebnisse.

Julie Elias Publikationen zur Kochkunst, seien es Kochbücher und Rezeptsammlungen, die in den zwanziger Jahren des letzten Jahrhunderts erschienen sind, oder ihre essayistischen Beiträge zur klassischen Küche, zur Geselligkeit, zum gedeckten Tisch, veröffentlicht in Taschenbüchern oder in Ratgebern für junge Frauen, spiegeln deutlich die Auffassung von der Küche als einem Kulturfaktor wieder. »Nur der oberflächlichen Anschauung erscheint die Kochkunst als ein unwichtiger Faktor in der Geschichte der Kultur.«[35] Und so sind die Küchenschriften von Julie Elias; nichts weniger als ein Beitrag zur Gestaltung der Küchenkultur ihrer Gegenwart. Als essende und Essen zubereitende Zeitgenossin fordert sie von sich und ihren kochenden Leserinnen eine umfassende »Geistesgegenwart«, ein bewußtes Wahrnehmen ihrer Zeit und Trends und Offenheit gegenüber Neuerungen. »Zum Kochen gehört Geistesgegenwart; ein Mensch ohne Intelligenz wird niemals gut kochen lernen.«[36].

Die Gegenwartsorientierung ihrer Schriften zeigt sich im unterschiedlichen Inhalt und ihrem sich veränderndem Äußerem – sichtbar etwa am Wandel der Gestaltung vom BREVIER DER FEINEN KÜCHE von 1922, einer reich illustrierten, kunstorientierten Rezeptsammlung, bis zu den produktorientierten Firmenkochbüchern für den englischen Würzsaucenhersteller Lea & Perrins, 1928, oder den erfolgreichen Seifenhersteller Sunlicht aus dem Jahr 1931, sie enthalten weniger Rezepte, dafür mehr Ratschläge hinsichtlich Warenkunde und Menüzusammenstellung und sind schlichter aufgemacht. Julie Elias' Gegenwartsbezug artikuliert sich auch in expliziten Bezugnahmen auf das Bemühen, die Küchenprozesse kürzer, weniger aufwendig zu gestalten, auf die ökonomische Wirklichkeit dieser Jahre und die Berücksichtigung des sozialen Wandels,– als Beispiel sei hier an die zunehmende Berufstätigkeit von Frauen erinnert: ihre Erwerbsquote lag 1925 bei etwa 36%. Dieser Tatsache trägt Julie Elias Rechnung, indem sie ihre Küchenschriften auf die berufstätige Zeitgenossin ohne Haushaltshilfe ausrichtet. – Geistesgegenwärtig erkennt Julie Elias aber auch, dass die vorangegangenen Kriegsjahre der Küchenkultur Schaden zugefügt haben. Und so verfolgt sie in ihren Essays und Kochbüchern das Ziel, der modernen Zeitgenossin ein breit gefächertes Küchenwissen zu vermitteln, theoretisch, wie praktisch. »Die Sendung des gastronomischen Schriftstellers habe ich immer so aufgefaßt, daß man Technik und Geschmack weiterzubringen habe, daß man die Hausfrauen, die sich ihrem praktischen Mentor anzuvertrauen bereit sind, künstlerisch erziehen müsse.«[37]

Die Voraussetzung für Julie Elias' Begabung, küchenspezifisches Tun in der für sie charakteristischen Weise reflektieren und vermitteln zu können, liegt unzweifelhaft in ihrer Zugehörigkeit zum wohlhabenden Bildungsbürgertum an der Wende zum 20. Jahrhundert. Ihre Herkunft aus einer emanzipierten jüdischen Berliner Bankiersfamilie ermöglichte ihr Bildung und materielle Unabhängigkeit. Sie besuchte die renommierte Victoriaschule für höhere Töchter in Berlin, sprach moderne Fremdsprachen fließend, war weit gereist und begann um 1915 zu publizieren: zunächst Zeitungsfeuilletons, vor allem Modeberichte aus Frankreich, die im Berliner Tageblatt des Hauses Ullstein erschienen sind. In den zwanziger Jahren intensivierte sie ihre schriftstellerische Tätigkeit, nicht zuletzt aus der Notwendigkeit heraus, Geld zu verdienen. Denn inflationsbedingt hatte die Familie Elias, wie viele andere, Vermögen verloren und auch einen Teil ihrer großen Bildersammlung verkaufen müssen. Nach dem Tod ihres Mannes im Jahr 1927 war Schreiben und Publizieren die einzige Erwerbsquelle für Julie Elias. Sie übersetzte auch aus dem Französischen, darunter ein modernes Benimmbuch, Die neue Lebensart von Paul Reboux, das mit einer Titelillustration von Olaf Gulbransson 1932, ihre bislang letzte nachgewiesene Publikation, bei Piper in München erschien.

Mit ihrem ausgeprägten Interesse für Mode, Küche und Frankreich ähnelt Julie Elias ihrer kulinarischen Autorenkollegin aus England. Isabella Beeton, eine Generation älter, tat ihre ersten Schritte als Schriftstellerin ebenfalls im Modejournalismus und als Übersetzerin aus dem Französischen, bevor sie 1861 das wohl berühmteste Kochbuch der britischen Kochbuchliteratur auf den Markt brachte: Beeton's Book of Houshold Management. Doch hier erschöpft sich der Vergleich auch schon, denn zum einen war Julie Elias erster Kochbuchpublikation, dem Brevier der feinen Küche von 1922 bei weitem nicht der Bekanntheitsgrad und die Auflagenhöhe von Isabella Beetons Erfolgsbuch beschert, und zum andern vertritt Julie Elias eine weitaus umfassendere, kulinarisch-pädagogische Position als die des Houshold Management. Julie Elias' Sichtweise gründet sich auf ihre Weltläufigkeit, ihren Bildungshorizont und vor allem auf die künstlerisch-intellektuelle Geselligkeit, die in ihrem Haus gepflegt wurde und die im Zeichen des gebildeten Genusses stand. Von Grete Fischer, der jungen Ullstein-Lektorin, die in den Familienkreis aufgenommen war, stammt folgende Erinnerung an die

[ Das Speisezimmer von Max Liebermann im Haus am Pariser Platz, 1925 ]

Bedeutung des Genusses bei den Elias': »Er liebte Bilder, er genoß den Umgang mit ihnen, so wie er alles genoß; er sublimierte Sinnlichkeit auch im Essen – seine Frau war eine berühmte Gastgeberin, die ihre Besucher mit raffinierten Gerichten verwöhnte, er selbst sammelte Rezepte und Weinsorten genauso wie moderne Radierungen.«[38] Diesem biographischen Kontext, der gebildeten künstlerischen Geselligkeit des Hauses Elias, verdanken die Kochbuchpublikationen ihren Ursprung. In ihrer Wohnung in der Matthäikirchstraße 4 am Tiergarten gingen ebenso wie bei Liebermanns am Pariser Platz oder am Wannsee die Vertreter von Berlins künstlerischer Moderne ein und aus, sie wurden gastfreundlich aufgenommen und bewirtet. Dazu zählten Sammler wie Johannes Guthmann und Joachim Zimmermann, Schauspieler und Regisseure wie Otto Brahm und Max Reinhard, die Kunsthändler und Verleger Paul und Bruno Cassirer, Samuel Fischer, zahlreiche Autoren wie Elsa Bernstein, pseud. Ernst Rosmer, Carl Zuckmayer, Bernhard Kellermann und Gerhart Hauptmann und natürlich viele Malerfreunde, wie eben Max Slevogt und Max Liebermann.

Untrennbar mit der künstlerisch-kulinarischen Geselligkeit des Hauses Elias verbunden ist Julie Elias' zweite, Max Liebermann gewidmete Rezeptsammlung Kochkunst – Ein Führer durch die feine Küche von 1925 (2. Auflage 1927). »Max Liebermann gewidmet.« In ihrer Einleitung bezeichnet sie Liebermann als einen »bedeutenden Gourmet« der gesagt haben soll: »Die Vorrede zu einem Kochbuch läßt sich in dem Satz zusammenfassen: ›*Wo man nichts reintut, kommt auch nichts raus*‹.«[39] Einige wichtige Freunde und Bekannte fanden ihre Spezialitäten in die Kochkunst aufgenommen: Tilla Durieux, die berühmte Schauspielerin und Gattin des bedeutenden Kunstsammlers und Verlegers Paul Cassirer war mit ihrer Variante eines Amerikanischen Salats vertreten, mit einem Porta Rossa-Salat der Sammler und Mäzen Johannes Guthmann, sein Gefährte Joachim Zimmermann mit dem Salat Zimmermann, und er fand obendrein noch seine Zubereitungsweise einer Kalten Ente abgedruckt. Ein nach der Familie Hauptmann benanntes Fleischgericht, Hascheekrapferl (S. 39) spiegelt die Vertrautheit der beiden Familien; Eva Hauptmann, die Tochter des Dichters Gerhart Hauptmann, scheint zu den zahlreichen begeisterten Rezipientinnen der Kochkunst gezählt zu haben und schrieb dazu 1932 an Julie Elias: »Mutter ist jetzt wieder zu Besuch hier u. viel bei mir. Ich erzählte ihr, daß ich fast nur nach Deiner Kochkunst koche u. von diesem lady liken u. wohltuend zeitgemäßen Kochbuch so entzückt

[Emil Orlik, Portraitzeichnung Tilla Durieux, publiziert 1924]

bin. Da meinte sie, dies Dir mitzuteilen sei meine Pflicht. Deren ich mich hiemit gerne u. mit vielen herzlichen Grüßen an Dich u. Ludwig entledige. Getreu Deine Eva.«[40] Doch ihr Vater hat den ehrenvollen Antrag von Julie Elias, »Mitglied des Ehrenpräsidiums« eines »gastrosophischen Kreises« zu werden, mit dem Verweis darauf, diesem Kreis »nur als getreuer Mitesser angehören« zu wollen, dankend abgelehnt.[41]

Deutliche Spuren ihrer Entstehung aus dem Umfeld der künstlerischen Geselligkeit des Hauses Elias tragen die Publikationen von Julie Elias in ihrer graphischen Gestaltung. Die einzige Ausnahme bildet das Max Liebermann gewidmete Buch von 1925, das ohne Illustrationen erschienen ist. Von Emil Orlik stammen die Zeichnungen zum Taschenbuch für Damen von 1924. An ihrer ersten Publikation, dem Brevier der feinen Küche, wirkten neben anderen der Verleger Paul Cassirer, der Generaldirektor der Staatlichen Kunstsammlungen in Berlin Wilhelm von Bode und auch ihr Ehemann, Julius Elias mit, indem sie die Vorlagen für die zahlreichen Abbildungen und das Titelblatt für den Abdruck zur Verfügung stellten. Resultat ist ein schmales Bändchen, das geschmückt mit Wiedergaben von Gemälden, Kupferstichen, Zeichnungen und Menükarten aus mehreren Jahrhunderten zu einem Spaziergang durch die Vielfalt der Darstellungen des Themas Essen in der Kunst einlädt. Die farbige Umschlagzeichnung, eine verspielte Aquarellfolge des Malerfreundes Max Slevogt, führt heiter-ironisch auf den praktischen Aspekt des Breviers hin: männliche und weibliche Küchen-›Sklaven‹ befasst mit unterschiedlichen Tätigkeiten der Essensbeschaffung, der Zubereitung und dem Servieren (vgl. Abbildung auf S. 125).

Die Rezepte der Kochbücher verdanken sich der Sammelleidenschaft und Genussfreude des Ehepaares Elias. »Auf häufigen Reisen, besonders in Frankreich, habe ich mich mit beharrlichem Interesse um die Küche gekümmert, d. h. ich habe nicht nur gut gegessen, ich bin auch Speisen auf den Grund gegangen, habe seltene Rezepte gesammelt, habe sie zuhause durchprobiert, habe sie aufbewahrt, dauernd modifiziert und um Abstufungen vermehrt. Meine Sammlung habe ich bisher als bescheidenes Eigentum gehütet und nur wißbegierigen Freundinnen oder (was leider nicht oft vorkommt) Köchinnen Einzelheiten preisgegeben. Nun versicherte mir ein liebenswürdiger Verleger, es sei der Augenblick gekommen, diesen meinen kulinarischen Besitz mit all den Frauen zu teilen, die Sinn für ihr Küchenwesen haben, – das will sagen: Sinn für das Wohlbefinden und die Behaglichkeit ihrer Familie

[ Max Slevogt, Menükarte 16. Februar 1927 ]

und ihrer Freundschaft. Praktisch entstanden, ist dies ein Buch der Praxis.«[42] Küchen-›Praxis‹ will hier, in der Einleitung zum BREVIER, durchaus in umfassendem Sinne verstanden werden: wie all ihre Schriften zur Kochkunst zeigen, reduziert Julie Elias Küchenpraxis nie auf nur praktisches Handeln; sie baut vielmehr auch in Dingen des Geschmacks, auf handwerkliches Können, kulturgeschichtliches Wissen und Urteilsfähigkeit und zielt auf den Genuss und die gute Laune der Esser, von denen sie sagt: »Auch die gescheitesten Leute, und sie vielleicht am ehesten – l'homme d'esprit seul sait manger –, sind in ihrer Stimmung abhängig von Speise und Trank.«[43]

## *Küchenwissen*

Insofern sind weder das BREVIER noch DAS NEUE KOCHBUCH oder Julie Elias' Taschenbuch- und Journalartikel zum Essen ausschließlich Rezeptsammlungen, ja nicht einmal die Sunlicht-Bändchen oder die Verlagspublikation für Lea & Perrins,– auch wenn sich ihr Erscheinungsbild entsprechend dem Zeitgeist verändert. Es sind Publikationen, in denen es um kulinarische Bewusstseinsbildung im umfassenden Sinne geht. Um diesem Anspruch gerecht zu werden, versieht Julie Elias die Anleitungen zur Zubereitung der Speisen, sei es in Vorworten oder kleinen Einleitungen zu den jeweiligen Gerichttypen, mit Auszügen, Aperçus, Sprichwörtern aus der klassischen gastrosophischen Literatur, oder mit Bemerkungen zur Herkunft der Rezepte, ihren Varianten und der Produktqualität. Die Zitate aus den Schriften großer französischer und deutscher Gastrosophen geben die Leitlinie vor, über Kochen und Essen in der ›richtigen‹ Weise nachzudenken, das heißt hier: geistreich und tiefgehend. Das technische, praktische Moment der Essenszubereitung wird dadurch keinesfalls abgewertet, – dazu ist der Autorin handwerkliches Können zu wichtig – aber es wird in seiner Bedeutung eingebunden in einen weiteren Horizont, man könnte wohl sagen: entprofanisiert. Zugleich dokumentiert die extensive Heranziehung von Textstellen gastrosophischer Literatur – von Carème, über Grimod de la Reynière, Brillat-Savarin, Eugen von Vaerst und andere – sowie Stellen aus der Literatur zum Thema Essen den Bildungsstand der Verfasserin. Aus all dem läßt sich folgern, dass sich hier vor allem im Rekurs auf von Männern verfasste Ausführungen zum Essen

[ Max Slevogt, Menükarte für ›Frau Cassirer‹ 28. Februar 1921 ]

ein Emanzipationsanspruch manifestiert: Die Autorin schreckt nicht davor zurück, sich als Frau auf dem ausschließlich von Männern besetzten Feld der Gastrosophie zu bewegen. Vor allem jedoch dienen Julie Elias' Anreicherungen des jeweiligen Kochbuchs durch Literatur dazu, kulinarische Wissensbestände zu sichern. Eine ähnliche Funktion haben die Ausführungen zur Rezeptherkunft, die der Autorin in großer Zahl von namhaften Küchenchefs meist noch berühmterer französischer Restaurants auf ihren Reisen geschenkt worden waren: Nennungen wie »Henri Drouet, der alte Chef des berühmten Restaurants Henry an der Place Gaillou« oder »eine Schöpfung des berühmten Küchenchefs Dugléri, dem der große Bignon (jetzt Café de Paris) dem Café Anglais wegengagiert hatte«[44] – um nur zwei anzuführen – lassen eine kulinarische Vergangenheit aufleben, die gerade in der antifranzösischen Stimmung der Nachkriegszeit verloren zu gehen drohte.

Und so geht es Julie Elias am Beginn der zwanziger Jahre zunächst explizit darum, eine Haltung gegenüber dem Essen zu überwinden, die es zur Tugend erklärt hatte, »nicht zu wissen, was man isst oder trinkt«, weil man in den Notzeiten der späten Kriegsjahre nicht mehr kochte, was schmeckte, sondern schmecken musste, »was gekocht wurde«.[45] In ihrem Bemühen, das Küchenwissen der Vergangenheit festzuhalten, legt die Verfasserin das Fundament eines kulinarischen Wissens, das nach ihrer Auffassung die Voraussetzung für eine erfolgreiche Zubereitung der Gerichte ist. Ein Beispiel ihrer eigenen Vermittlung von kulinarischem Wissen, Geschmackserlebnissen und kulturgeschichtlichen Ausführungen zum Essen ist der kleine 1926 in WESTERMANNS MONATSHEFTEN publizierte Aufsatz DIE FESTTAFEL. EINE GASTROLOGISCHE PLAUDEREI. Darin wird sehr deutlich, wo die Wurzeln kulinarischen Wissens für Julie Elias liegen. Nämlich mehrheitlich, wie sie an anderer Stelle ausführt, aus dem »traditionellen Baugrund« der klassischen Küche, womit die französische gemeint ist, und vor allem der »Schatzkammer gastronomischer Gedanken, denen wir den Anschluß an die heutigen Verhältnisse zu ermöglichen haben.«[46]

Anders formuliert wird daraus eine der Grundprämissen von Julie Elias Küchenschriften: ohne Kenntnis der Tradition keine kulinarische Antwort auf die Gegenwart. Und die nahm Julie Elias sehr klar ins Visier. Denn die zum Zeitpunkt ihrer ersten Kochbuchpublikation bereits sechsundfünfzigjährige Autorin erkannte die Veränderungen der Zeit und zugleich mit ungewöhnlichem Scharfblick die Notwendigkeit, auf den gesellschaftlichen Wandel auch im Küchen- und Essenshandeln adäquat zu reagieren: »Jede Zeit verlangt ihr Kochbuch, so wie es aus den Händen eines regsamen Praktikers, modernen Küchendenkers und fleißigen Sammlers hervorgeht. Wie jede Zeit ihre besondere gesellschaftliche Veranlagung, ihre eigenen Sitten und Gebräuche hat, ihre lebendigen Moden in der Kunst, in der Literatur, im Bauwesen, in der Kleidung, so wird sie auch ihre eigene Art des Kochens haben, die eng mit den weltanschaulichen Ideen und Bedingungen des sozialen Lebens zusammenhängt. Gibt es eine wirkliche Kultur des Volkes, so wird auch eine Kultur der Küche mit ihr Hand in Hand gehen.«[47]

Zu den ideologischen und sozialen Bestimmungsfaktoren, die in ihren Rezepten Berücksichtigung finden, zählen: der kriegs- und später inflationsbedingte Rückgang an materiellem Wohlstand sowie die weit verbreitete Folge daraus, dass die Hausfrau ohne Dienstpersonal selbst am Herd zu stehen hatte; der Faktor Zeit und die damit im Zusammenhang stehende zunehmende Berufstätigkeit der Frauen; die Erkenntnisse der Ernährungslehre und das neue Gesundheitsbewusstsein, und nicht zuletzt das veränderte Erscheinungsbild der Frauen, das besonders in den Zwanziger Jahren am androgynen Schlankheitsideal orientiert war.

Aus all dem leitet Julie Elias sehr spezifische Anforderungen an die Beschaffenheit der Gerichte, sowie auch die Köchin und Hausfrau ab. In erster Linie betreffen die Anforderungen die Machbarkeit, die Verfügbarkeit von Zutaten, Sparsamkeit im Umgang mit Produkten, die Gesundheit und die Hygiene betreffen.

Das Spektrum der präsentierten Gerichte ist auffallend breit, auch in den weniger umfangreichen Publikationen, die häufig nur Menüvorschläge enthalten. Der Bogen reicht grundsätzlich von sehr einfachen Gerichten zu durchaus anspruchsvolleren, von pochierten Eiern bis zu elaborierten Braten. Dementsprechend finden sich Gerichte, die mehr dem Alltag angemessen sind, aber auch solche für das Fest und den Feiertag. Einfachheit der Gerichte sieht Julie Elias nicht im Widerspruch mit der feinen Küche. Dazu schreibt sie in der Einleitung zum BREVIER ironisch-selbstkritisch und hoffnungsvoll was die Verfügbarkeit von erlesenen Zutaten in der näheren Zukunft über: »Meine Sammlung ist für die feine Küche bestimmt die auch, auf ihre Weise, sehr einfach und bescheiden sein kann, die aber immer schmackhaft und auf gepflegte Zubereitung gegründet sein muß. Schlug ich hier und dort über die Stränge, indem ich einige raffinierte Gerichte beschrieb, deren Herstellung jetzt auf Schwierigkeiten stoßen muß, wie Poularde in Teig, Ananas en belle vue, Hummerragout usw. so möchte ich diese Üppigkeit mit meiner Überzeugung begründen, daß dergleichen in einem Handbuch der gehobenen Küche nicht fehlen darf, und daß überhaupt noch nicht aller Tage Abend ist.«[48] Doch die Empfänger ihres Kochbuches bestätigten zunächst einmal die Schwierigkeit manche der angegebenen Gerichte aufgrund der inflationsbedingt herrschenden Probleme bei der Beschaffung der Zutaten zuzubereiten. So schreibt etwa der Freund Johannes Guthmann am 21. Dezember 1925 aus Schlesien: »Sehr verehrte, liebe gnädige Frau! Ihr Kochbuch ist prachtvoll und ich danke Ihnen herzlich für das willkommene Weihnachtsgeschenk, das Sie unserem Haushalt damit gemacht haben – wenn wir auch unter den obwaltenden Verhältnissen eine große Anzahl der Gerichte in der Phantasie werden auskosten müssen.«[49]

Unabhängig davon, ob die Köchin nun mit einfachen Zutaten oder sehr hochwertigen Produkten kocht, rät die Verfasserin zur Sparsamkeit im Umgang mit den Nahrungsmitteln, doch nicht zum Geiz in der Küche. »Es sind nicht die großen Köche, die verschwenden; es sind die kleinen Köchinnen. Ein guter Koch weiß alles zu benutzen [...] Nicht der Überfluß, sondern die Not machte die Köche erfinderisch und ließ neue Gerichte entstehen. Sparsamkeit ist die Seele der Kochkunst, lehrte Antoine Carême; nur meine ich«, setzt sie kritisch hinzu, »es ist manchmal nicht gut, in der Küche zu viel – Seele zu haben«[50]

Der Stil ihrer Gerichte, obwohl er grundsätzlich französisch geprägt ist, weist neben der bürgerlich regional deutschen Ausrichtung auch eine Tendenz zur Internationalität auf. Aufgenommen werden Rezepte, die als typisch für bestimmte Regionen gelten.

[ Menükarte Max Slevogt, 10. Dezember 1928 ]

Prinzipiell kommt es der Verfasserin darauf an, dass bei der Zubereitung der Gerichte in erster Linie auf Gesundheit, Wohlgeschmack, und Qualität zu achten sei; sie sollten »nicht allzu überladen [...] schmackhaft, verdaulich und aus bestem Material hergestellt« sein, so »daß für Abwechslung und appetitliche Ausrichtung gesorgt ist.«[51] Das kann zwar zu der für uns heute erstaunlichen Forderungen führen, »daß selbst eine Hausköchin in drei Monaten nicht dieselbe Suppe wiederholen dürfe«[52], doch reflektieren diese Forderung eine deutliche Abkehr von der reichhaltigen, schweren Küche des Bürgertums aus der Zeit vor dem Ersten Weltkrieg. Unumstößliche Voraussetzung einer diesen Richtlinien folgenden Küche ist freilich die Qualität der Zutaten, die auch bei Julie Elias, wie in der klassischen französischen Küche, nur die beste sein soll. Damit ist jedoch keineswegs Luxusware gemeint, sondern das regionale, qualitativ hochwertige, frische Produkt – in Max Liebermanns Worten die »matière première«. Auch in diesem Bereich sind wieder die Kenntnisse der Köchin oder Hausfrau gefragt, Produktkenntnis in diesem Fall. Das heißt, dass die Köchin die Kunst des Einkaufs beherrschen muss: »sie muß um die Jahreszeiten der einzelnen Materialien wissen (›une saison pour chaque chose et chaque chose en saison‹); sie muss vor allem die Qualitäten untersuchen können, zumal der Fleischware«[53] und sie muss sich vor minderwertigen Zutaten, die in der Folge der Mangeljahre zunehmend mehr von der Nahrungsmittelindustrie auf den Markt gebracht wurden, hüten: »Im besonderen ist von der Verwendung von Kochbutter, Kocheiern, Kochwein dringend zu warnen. Diese Dinge sind Karikaturen auf Butter, Ei und Rebensaft. Für die gehobene Küche ist die beste Qualität gerade gut genug. Von der Bekömmlichkeit ganz abgesehen.«[54]

Im Zeitalter der Reformbewegungen und der neuen Erkenntnisse in der Medizin kam der Hausfrau ein weiteres neues Aufgabenfeld zu, das ihrer Küchentätigkeit neue Verantwortung auferlegte. Sie hatte nun nämlich nicht nur für die Sättigung sondern für das gesundheitliche Wohlbefinden ihrer Esser zu sorgen. »Daß die Gesundheit in der Küche gemacht wird, sollte sich die Hausfrau stets vor Augen halten. Denn unsere ›Perfekten‹, die meist sehr unperfekt sind, pflegen wenig nachzudenken, am wenigsten über den hygienischen Teil ihrer Aufgabe. Sie kochen ihren gewohnten Gang und ihre gewohnten Gänge weiter und bewegen sich ungern in den Bezirk von Nüancen, die ein persönlicher Geschmack verlangt; sie wagen nichts und gewinnen daher nichts. Ich

[ Max Slevogt, Umschlag des Brevier der feinen Küche ]

will sie ja nicht zur Nacheiferung des ehrgeizigen Vatel ermutigen, der sich einen Säbel in den Leib rannte, weil er die Schmach nicht überleben konnte, daß zum Königsmahl die Fische ausgeblieben waren, – aber ich möchte diesen unseren perfekten Köchinnen doch anheim stellen, zu tun, was jeder Mensch in seinem Berufe tut: mit dem Fortschritt zu gehen und sich weiterzubilden.«[55] Ein aufgeklärtes Mit der Zeit gehen wird von der Köchin und Hausfrau erwartet. Sie muss bereit sein, sich zu prüfen, ihre erlernten, gewohnten Vorstellungen zu hinterfragen, und gegebenenfalls zu korrigieren: »Manche Hausfrau glaubt ›leicht‹ zu kochen, wenn sie leichtes Material verwendet, wie Huhn, Kalbfleisch usw. Die Hauptsache bleibt immer die Zubereitung. Dasselbe Gericht kann schwer oder leicht sein, – die Hand der Köchin macht es erst dazu.«[56] Um sich dieses Wissen anzueignen, rät Julie Elias unter Umständen auch zum Besuch eines Kochkurses; jedenfalls gehört die Lektüre von Kochbüchern, die Repertoireerweiterung, zur selbstverständlichen Weiterbildung in der Küche.

Die Adressatinnen der Kochbücher von Julie Elias sind zunächst ganz schlicht Hausfrauen, bzw. Köchinnen, die mit oder ohne Hilfe in der Küche für das leibliche Wohl von Familie und Freunden sorgen. Es sind auch die modernen Frauen, die über einen gewissen Bildungsstand verfügen, berufstätig sind und unter Umständen auch einem geselligen Hause vorstehen, wie sie selbst. Selbstverständlich vorausgesetzt wird, dass es sich um bewusste Esserinnen handelt, denen Essen mehr ist als Sättigung, die aufgeschlossen sind gegenüber der Bedeutung des Essens für die Gesellschaft und Kultur ihrer Gegenwart. Die Kochbücher sollen, so führt Julie Elias, Frauentypen in der Küche differenzierend, aus, »nicht nur den fanatischen Hausfrauen [...] auch der modernen Dame, die Sport treibt oder einen praktischen Beruf ausfüllt und nicht allzu viel Zeit für ihre Wirtschaft übrig hat, die kulinarische Überlegung durch Ratschläge erleichtern.«[57] – Ratschläge heißt hier Wissen und praktische Anleitung anzubieten. Doch ohne küchenrelevante Erfahrungen sind die Ratschläge und Anleitungen in den Kochbüchern von Julie Elias nicht umzusetzen; was bedeutet, dass ihre Kochbücher keine Handbücher für absolute Kochanfänger sind. Die von ihr aufgestellten Richtlinien und Handlungsanweisungen für die gesamte Reihe der Handlungen, in deren Zentrum Kochen und Essen stehen, also Beschaffung, Zubereitung, Zusammenstellung, Präsentation, richten sich an die bereits küchenerfahrene Leserin. Die Autorin sieht ihre Aufgabe zwar darin, »den Frauen Mut zu machen«[58], doch geht sie vom Vorhandensein eines bestimmten Grundwissens und von Grundkenntnissen des Küchenhandelns aus: so sollte man beispielsweise bereits »einen Suppentopf aufsetzen«[59] können, oder wissen, wie man entweder »eine doppelt kräftige Brühe erzielen«[60] oder »ein saftiges Stück Fleisch haben«[61] kann. Mit den Rezepten von Julie Elias kann nur umgehen, wer bereits mehr als nur versuchsweise am Herd gestanden hat. Denn sie sind mehrheitlich alle, im BREVIER wie auch im NEUEN KOCHBUCH, in durchlaufender Prosa und in den meistens Fällen ohne präzise Mengenangaben abgefasst. Dass dies einer begeisterten Aufnahme ihrer Kochbücher nicht im Weg stand, belegen die zahlreichen Dankesbriefe nach der Veröffentlichung des BREVIERS und der KOCHKUNST.

Joachim Zimmermann dankt Julie Elias für die Übersendung des BREVIERS unter Hinweis auf dessen »Nützlichkeit« und Unterhaltungswert: »Haben Sie herzlich Dank für das BREVIER! Es scheint nicht nur sehr nützlich sondern auch sehr amüsant zu sein. Scheint – sage ich, weil ich nur drin geblättert habe, um meinen Appetit nicht in einer für diese Zeit ruinösen Weise zu reizen. Dass Sie als den innersten Kern meines Wesens ›Mäßigkeit‹ erkannt haben, sehe ich mit Freuden dessen, daß das einzige Bowlengetränk ohne Wein mit meinem Namen verbunden. Wie schade, daß Sie jetzt zur Zeit der warmen Getränke nicht hier sind. Augenblicklich ist ein sehr munteres Schneetreiben. Also ich hoffe doch sehr, daß wir Sie noch im Laufe des Winters hier sehen werden.«[62]

Der Berliner Erfolgsautor Bernhard Kellermann, der ein Autor des Verlegers Paul Cassirer war, bedankte sich ebenfalls für die KOCHKUNST und bezeugt damit einmal mehr die Wertschätzung des gemeinschaftsstiftenden Moments des Kochens und Essens, wie es von Julie und Julius Elias ausgehend zur Wirkung kam.

*»Verehrte gnädige Frau,*
*herzlichen Dank für Buch u. Widmung.*
*Ich war gerührt, dass Sie sich an Ihre liebenswürdige Zusage erinnerten.*
*Ich habe mich bereits in das Buch vertieft und bin auf Köstlichkeiten*
*mancher Art gestoßen. Jedenfalls wiegt Ihr Geschenk ganze Stöße*
*belletristischer Produktion auf. Es wird in meiner Bibliothek einen*
*besonderen Platz erhalten.*

*Im Sommer werde ich in meinem Gartenhaus – hier wage ich es nicht! – mit dem praktischen Studium beginnen: mächtig angezogen fühle ich mich durch den Pilaff vom Hammel, ob ich mich aber an Kotelettes Nelson heranwagen werde?*
*Und Ihre Saucen! Fast ein Kapitel des Romans der Feinschmecker!*
*Die Getränke werde ich aber der Reihe nach durchprobieren.*
*Bei Gelegenheit werde ich berichten.*

*Herzlichen Gruß u Dank*
*Ihr ergebener*
*Bernhard Kellermann*«[63]

Technischen Neuerungen gegenüber, die das Arbeiten im Haushalt erleichtern, steht die Julie Elias, so zeigen es ihre Schriften, durchaus positiv und aufgeschlossen gegenüber. Sie folgt darin den zeitgenössischen Forderungen, die Arbeitszeit der Hausfrau zu reduzieren. Die Haushaltsführung galt inzwischen nur als gut und modern, wenn sie den Bedingungen der Gegenwart angepasst, d. h. bis zu einem gewissen Grad rationalisiert war. Vor diesem Hintergrund wurde der Einsatz von zeit- und kraftsparenden Geräten von Julie Elias ebenso befürwortet wie die Verwendung von Produkten der noch jungen Nahrungsmittelindustrie. »Die Kochkunst ist die Wissenschaft der tausend Hilfsmittel, hat ein französischer Gastronom gesagt. «[64] Auf diese Hilfsmittel, die nicht immer vorgeschrieben sind, darf die gute Köchin der zwanziger Jahre nicht verzichten. Tomato-Catchup. Worcestershiresauce, Grosse und Blackwells Salatmischung, Pastetengewürz, Liebig dienen der Steigerung des Geschmackes wie auch der Zeitersparnis. Heute stehen wir solchen Empfehlungen oft eher kritisch gegenüber, insofern als sie der beginnenden Vereinheitlichung des Geschmackes durch industriell gefertigte Produkte das Wort reden.«

## *Kochen und Essen als Kunst und reflektiertes Geschmackserlebnis*

Die Köchin, die sich mit den Kochschriften Julie Elias befasst, muss also bis zu einem gewissen Grad bereits küchen- und geschmackskompetent sein. Nur dann kann sie die Rezepte und Vorschläge an eigene Küchenerfahrungen anschließen und fruchtbar machen; d. h. sie als Leitfaden zur Erweiterung ihrer Küchen- und Geschmackskompetenz nutzen. Und als solche wollen sie verstanden sein, als Anleitung zum Kochen im Sinne einer künstlerischen Tätigkeit: »Die Gastronomie ist eine Kunst, und der Dirigent der Küche muß geistige Überlegenheit und Inspiration haben; das Letzte wird kein Kochbuch geben. Küchenrezepte wollen nicht befolgt und angefertigt sein, wie man Rezepte in der Apotheke anfertigt: als hinge von der genauesten Dosierung Leben und Sterben ab. Man kann wohl Rezepte geben; aber es genügt nicht, sie sklavisch und mechanisch zu befolgen; sie sind bestimmt die persönliche Überlegung zu fördern.«[65] Neben selbständigem Denken, Inspiration und Geist beim Kochen muss aber auch der immer anzustrebenden praktischen Vervollkommnung genügend Beachtung geschenkt werden. »An den Kochherd soll keiner treten, der nicht imstande ist, ein Gericht in allen Stadien des Werdens zu beobachten und zu prüfen. Die Intelligenz allein tut es nicht – eine verfeinerte Sinnlichkeit ist nötig.«[66] Und diese verfeinerte Sinnlichkeit, die Geschmackswahrnehmung, ist nach Auffassung von Julie Elias ebenfalls erlernbar. Selbst in ihren Rezepten gibt sie mitunter Hinweise auf die Geschmackskomponenten der Gerichte und deren Zusammenspiel wie im Rezept *Püree Nignon* (hier S. 71). Als Gewährsmann dafür, dass der Geschmack im Wettstreit der Sinne durchaus gleichrangig mit dem traditionell als höher bewerteten Hören oder Sehen behandelt und ebenso geschult werden kann und muss, führt sie Guy de Maupassant an: »Nur Dummköpfe sind keine Feinschmecker. Man ist Gourmet, wie man Künstler, wie man Dichter ist. Der sinnliche Geschmack ist ein so delikates, der Vervollkommnung fähiges und achtbares Organ wie das Auge und das Ohr. Fehlt der Geschmack, so ist man einer erlesenen Fähigkeit beraubt, der Fähigkeit, die Speisen zu würdigen; wie man unfähig sein kann, den Qualitäten eines Buches oder eines Kunstwerkes gerecht zu werden. Man hat einen dummen Mund, wie man einen dummen Kopf hat ...«[67] In diesem Sinne gehört Julie Elias mit ihren Schriften und Kochbüchern zu den Vorreiterinnen eines kulinarischen Bildungsideals, das im Kochen und Essen mehr als die Umsetzung eines umfassenden Erfahrungswissens gepaart mit handwerklichen Fertigkeiten ansieht: Kochen und Essen im Sinne von Julie Elias werden im weitesten Sinne als Lebenskunst reklamiert. Diese Auffassung, die im 20. Jahrhundert vor allem von Vertretern der sogenannten *Eat Art* propagiert wurde, hat bis heute nichts von ihrer Relevanz und Aktualität eingebüßt. Vielleicht ist es heute sogar mehr denn je von Bedeutung, dem ›Essenshandeln‹ seinen zentralen Stellenwert im Leben der Menschen wieder zurückzugeben. Julie Elias' Auffassung von Kochkunst und Kunst des Essens als Lebenskunst kann vielleicht eine Anregung dazu sein, zu erkennen, wie wichtig alimentäres Handeln für eine gelungene Gestaltung des Lebensalltags an den Schlüsselpunkten von Wohlbefinden und Genuss ist. Nur ein an der eigenen geschmacklichen Erfahrung geschulter Umgang mit dem Essen, der auch das Natur- und Kulturwissen vom Essen mit einschließt, führt im ›Essenshandeln‹ zu einer täglich praktizierten Form von Selbstausdruck und Kreativität und wird schließlich Wohlbefinden und Genuss zum Ergebnis haben – und das gilt für das Individuum sowohl wie für den größeren gesellschaftlichen Zusammenhang. Die Voraussetzungen zu einer solcherart positiv umgesetzten Praxis liegen in kulinarischer Bildung.

[ Max Liebermann, Portrait Julius Elias, 1911 Öl auf Leinwand ]

## Zitierte Werke


**1** Lord Byron, Don Juan, Canto xiii, stanza 99

**2** Johannes Guthmann: Goldene Frucht. Begegnungen mit Menschen Gärten und Häusern. Tübingen 1955, S. 250.

**3** Irène Alenfeld: Dienstags bei Frau Geheimrat Dohme. In: Der Tagesspiegel. Januar 1998, Berliner Kunstfrühling. Sonderdruck des Tagesspiegels für das Stadtmuseum Berlin, Ephraim-Palais; auch: Irène Alenfeld: Die Autographensammlung der Geheimrätin Emma Dohme. In: Jahrbuch 1999 Stadtmuseum Berlin. Stiftung Stadtmuseum Berlin 1999, S. 162–177.

**4** Volker Braun: ... meine Frau toaste in wohlgesetzten Worten u – gratulirte sich zu ihrem Gatten ... In: Romantik und Exil. Festschrift für Konrad Feilchenfeldt. Hrsg. von Claudia Christophersen und Ursula Hudson-Wiedenmann. Würzburg 2004, S. 364–369, hier S. 367f.

**5** Hans Ostwald: Das Liebermann-Buch. Berlin 1930, S. 140.

**6** Im Garten von Max Liebermann. Ausstellungskatalog Hamburger Kunsthalle, Berliner Nationalgalerie. Hrsg. von Jenns Eric Howoldt und Uwe M. Schneede. Berlin 2004.

**7** Erich Hancke: Max Liebermann. Sein Leben und seine Werke. Berlin 1923, S. 477.

**8** Max Liebermann an Alfred Lichtwark, 3. 8. 90, in: Der Briefwechsel zwischen Alfred Lichtwark und Max Liebermann. Hrsg. von Birgit Pflugmacher. Hildesheim, Zürich, New York 2001, S. 26 f.

**9** Max Liebermann an Alfred Lichtwark 24. 9. 1913, in: Pflugmacher, S. 469.

**10** Vgl. Pflugmacher, S. 323 und 402.

**11** Ernst Benkard: Begegenung mit Max Liebermann. In: Die Gegenwart. Eine Halbmonatsschrift, I. Jg. 1946, H. 84, S. 29–31.

**12** Alfred Lichtwark an Max Liebermann 24. 12. 1911; in: Pflugmacher, S. 405–407, hier S. 406.

**13** Matthias Eberle: Max Liebermann 1848–1935. Werkverzeichnis der Gemälde und Ölstudien. 2 Bde. München 1995/96, hier Bd. 2, S. 937.

**14** Max Liebermann an Samuel Rosenthal, 5. 7. 1918; im Besitz der Max-Liebermann-Gesellschaft, Berlin e. V.

**15** Max Liebermann an Adolf Goldschmidt, 10. 8. 1917. Öffentliche Bibliothek der Universität Basel, Nachlaß Adolf Goldschmidt a. 155; unvollständig abgedruckt in: Franz Landsberger (Hg.) Max Liebermann. Siebzig Briefe, Berlin 1937, S. 55–56;

**16** Ostwald, S. 280.

**17** Ferdinand Sauerbruch: Das war mein Leben. München 1951, S. 417.

**18** Karl Scheffler: Die fetten und die mageren Jahre. München 1946, S. 71 u. 76.

**19** Hanns Wolf im Sonntagsblatt der Staats-Zeitung und Herold in New York vom 20. 7. 1947, zitiert nach Volker Braun, S. 365f.

**20** Tilla Durieux: Meine ersten neunzig Jahre. Erinnerungen. 5. Aufl. München, Berlin 1979, S. 143 f.

**21** Brief im Besitz der Fondation Custodia, Paris; erstveröffentlicht von Volker Braun, S. 365 f.

**22** Ostwald, S. 496.

**23** Julie Elias: Brevier der feinen Küche. Illustriert nach den Meistern. Berlin 1922, S. 12.

**24** Julie Elias: Die junge Frau. Ein Buch der Lebensführung. Illustriert von Ludwig Kainer. Berlin 1921, S. 133.

**25** Johannes Guthmann (1876–1956), Kunst historiker und Sammler; enger Freund und Förderer des Malers Max Slevogt.

**26** Joachim Zimmermann, Historiker und Schriftsteller; Gefährte von Johannes Guthmann.

**27** Im Nachlaß von Julius Elias der Staatsbibliothek zu Berlin, Preußischer Kulturbesitz, findet sich ein handgeschriebenes Einzelblatt mit dem französischsprachigen Rezept dieses Gerichts, von fremder Hand, das Julie Elias von ihren kulinarischen Reisen mitgebracht hat (vgl. Nachwort). Sie schreibt im Brevier, sie habe das Rezept vom Küchenchef Édouard Nignon des Restaurants Larue bekommen.

*Truite Saumonné Froide à la gelée (Sauce Gribiche) Faire poche une belle truite Saumonné avec 1 carotte 2 gros oignons 1 feuille de laurier un fragment de thym, un peu de persil en branche un peu de poivre en grains un peu de sel gros. Une bouteille de bon vin de Macon ou bourgogne ajouter un verre d'eau et laisser cuire au four de préférence l'arrosant souvent en pendant 20 minutes laisser refroidir dans son fond, ensuite retiré la peau et decoré la avec des feuilles d,'ne gelée et la clarifée à 3 blancs d'oeuf et 6 feuilles de gelatine passer et laisser refroidir puis napez la truite avec cette gelée.*

**28** Die im 19. Jahrhundert im Rhein in großer Zahl vorhandenen Lachse waren Mitte des 20. Jhd. fast ausgestorben; heute erholen sich die ausgesetzten Bestände langsam.

**29** Der von Justus von Liebig Mitte des 19. Jhd. entwickelte hochkonzentrierte Fleischextrakt.

**30** Otto Flake: Es wird Abend. Gütersloh 1960, S. 228f.

**31** Paul Block an Julie Elias, 17. 3. 1924. Nachlaß Julius Elias. Staatsbibliothek zu Berlin. Preußischer Kulturbesitz.

**32** Vgl. Marianne Ahlfeld-Heymann: Und trotzdem überlebt. Ein jüdisches Schicksam aus Köln durch Frankreich nach Israel 1905–1955. Hrsg. von Erhard Roy Wiehn. Konstanz 1994, S. 9; Carl Zuckmayer: Als wär's ein Stück von mir. Horen der Freundschaft. Frankfurt/M. 1966, S. 393 ff.

**33** Julie Elias: Die klassische Küche. In. Mosse Almanach 1922, S. 248–256; hier S. 249.

**34** Elias, Klassische Küche, ebd.

**35** Julie Elias: Die junge Frau. Ein Buch der Lebensführung. Illustriert von Ludwig Kainer. Berlin 1921, S. 128.

**36** Julie Elias, Brevier, S. 12.

**37** Julie Elias: Die Festtafel. Eine gastrologische Plauderei. In: Westermanns Monatshefte, Jg. 71, 1926, S. 87–90, hier S. 87.

**38** Grete Fischer: Dienstboten, Brecht und Andere. Zeitgenossen in Prag, Berlin, London. Olten und Freiburg im Breisgau 1966, S. 225.

**39** Julie Elias: Kochkunst. Ein Führer durch die feine Küche. Berlin 1925, S. XII.

**40** Eva Hauptmann an Julie Elias 1932, ohne genaues Datum; Nachlaß Julius Elias, Staatsbibliothek zu Berlin. Preußischer Kulturbesitz.

**41** Gerhart Hauptmann an Julie Elias, 9. 6. 1928; Nachlaß Julius Elias, Staatsbibliothek zu Berlin. Preußischer Kulturbesitz.

**42** Elias, Brevier, S. 7.

**43** Elias, Frau, S. 133 f.

**44** Elias, Klassische Küche, S. 252.

**45** Elias, Brevier, S. 7.

**46** Elias, BREVIER, S. 8.
**47** Elias, KOCHKUNST, S. X.
**48** Elias, BREVIER, S. 9.
**49** Johannes Guthmann an Julie Elias, 12. 12. 1925; Nachlaß Julius Elias.
**50** Elias, BREVIER, S. 10.
**51** Elias, KLASSISCHE KÜCHE, S. 249.
**52** Elias, BREVIER, S. 20.
**53** Elias, KOCHKUNST, S. XIII.
**54** Elias, KOCHKUNST, S. XIV.
**55** Elias, BREVIER, S. 10.
**56** Elias, BREVIER, ebd.
**57** Elias, KOCHKUNST, S. XII.
**58** Elias, BREVIER, S. 9.
**59** Elias, KOCHKUNST, S. XIII.
**60** Ebd.
**61** Ebd.
**62** Zimmermann an Julie Elias, 22. 12. 1921. Nachlaß Julius Elias, Staatsbibliothek zu Berlin. Preußischer Kulturbesitz.
**63** Bernhard Kellermann an Julie Elias, 26. 1. 1925. Nachlaß Julius Elias, Staatsbibliothek zu Berlin. Preußischer Kulturbesitz.
**64** Elias, KOCHKUNST, S. XVI.
**65** Elias, BREVIER, S. 12.
**66** Ebd. S. 12.
**67** Elias, BREVIER, S. 32.

## *Ungedruckte Quellen*

Briefe Max Liebermann an Samuel Rosenthal. Max-Liebermann-Gesellschaft, Berlin e. V.
Nachlaß Julius Elias, 409 acc. Ms. 1988.64. Staatsbibliothek zu Berlin. Preußischer Kulturbesitz. Berlin 1937, S. 55–56.

## *Abbildungen*

Angelika Fischer, Berlin, Seiten 9/10, 26/27, 32/33, 42/43, 48/49, 56/57, 66/67, 76/77, 84/85, 100/101, 106/107, 138/139.
Axel Springer Stiftung Berlin, S. 143, S. 25, S. 108.
Bundesarchiv (Bildarchiv), S. 113.
Galerie Rosenbach, Hannover, S. 17.
Jüdisches Museum Berlin, S. 10.
Kunstbibliothek Berlin, S. 15, S. 117, S. 119.
Max Liebermann Gesellschaft Berlin, S. 19.
Max Liebermann, aus BILDER OHNE WORTE, in: Achenbach, Sigrid: Max Liebermanns Arbeiten für den Fritz Heyder Verlag, Potsdam 2003, S. 13.
Privatbesitz, Max Slevogt: Umschlag des BREVIER DER FEINEN KUECHE, S. 125.
Scherz und Laune. Max Slevogt und seine Gelegenheitsarbeiten von Johannes Guthmann. Paul Cassirer, Berlin 1920, S. 58, S. 65, S. 74, S. 94, S. 102, S. 105 und auf dem Einband.
Staatsbibliothek zu Berlin. Preußischer Kulturbesitz, Handschriftenabteilung, Nachlaß Julius Elias, S. 108.
Taschenbuch für Damen (1924), S. 23, S. 115, S. 2.
Ullsteinbild Schutzumschlag.
Die Vignetten im Rezepteil sind Ausschnitte aus den Menükarten von Max Slevogt.

## *Literatur*


Ahlfeld-Heymann, Marianne: Und trotzdem überlebt. Ein jüdisches Schicksal aus Köln durch Frankreich nach Israel 1905–1955. Hrsg. Von Erhard Roy Wiehn. Konstanz 1994.

Alenfeld, Irène: Die Autographensammlung der Geheimrätin Emma Dohme. In Jahrbuch 1999 Stadtmuseum Berlin. Stiftung Stadtmuseum Berlin 1999, S. 162–177.

Alenfeld, Irène: Dienstags bei Frau Geheimrat Dohme: In: Der Tagesspiegel. Januar 1998. Berliner Kunstfrühling. Sonderdruck des Tagesspiegels für das Stadtmuseum Berlin, Ephraim Palais.

Beeton, Isabella: Beeton's Book of Household Management. London 1861.

Benkard, Ernst: Begegnung mit Max Liebermann. In: Die Gegenwart. Eine Halbmonatsschrift, Literarischer Teil. I. Jg., Nr. 84, 1946, S. 29–31.

Braun, Volker: »... meine Frau toaste in wohlgesetzten Worten u – gratulirte sich zu ihrem Gatten ...« In: Romantik und Exil. Festschrift für Konrad Feilchenfeldt. Hrsg. von Claudia Christophersen und Ursula Hudson-Wiedenmann. Würzburg 2004, S. 364–369.

Durieux, Tilla: Meine ersten neunzig Jahre. Erinnerungen. 5. Aufl. München, Berlin 1979.

Eberle, Matthias: Max Liebermann 1848–1935. Werkverzeichnis der Gemälde und Ölstudien. 2 Bde. München 1995/96.

Elias, Julie: Brevier der feinen Küche. Illustriert nach den Meistern. Berlin 1922.

Elias, Julie: Die Festtafel. Eine gastrologische Plauderei. In: Westermanns Monatshefte, Jg. 71, 1926, S. 87–90.

Elias, Julie: Die junge Frau. Ein Buch der Lebensführung. Illustriert von Ludwig Kainer. Berlin 1921.

Julie Elias: Die klassische Küche. In: Mosse Almanach 1922. Berlin. S. 248–256.

Elias, Julie: Kochkunst. Ein Führer durch die feine Küche. Berlin 1925.

Fischer, Grete: Dienstboten, Brecht und andere. Zeitgenossen in Prag, Berlin, London. Olten und Freiburg im Breisgau 1966.

Flake, Otto. Es wird Abend. Frankfurt/M. 1980.

Hancke, Erich: Max Liebermann. Sein Leben und seine Werke. Berlin 1923, S. 477.

Im Garten von Max Liebermann. Ausstellungskatalog Hamburger Kunsthalle, Berliner Nationalgalerie. Hrsg. von Jenns Eric Howoldt und Uwe M. Schneede. Berlin 2004.

Ostwald, Hans (Hg.): Das Liebermann-Buch. Berlin 1930.

Pflugmacher, Birgit (Hg.): Max Liebermann. Sein Briefwechsel mit Alfred Lichtwark. Hildesheim / Zürich / New York 2003.

Sauerbruch, Ferdinand: Das war mein Leben. Bad Wörishofen 1951.

Scheffler, Karl; Die fetten und die mageren Jahre. München 1946, S. 71 u. 76.

Zuckmayer, Carl: Als wär's ein Stück von mir. Horen der Freundschaft. Frankfurt/M. 1966.

# *Rezeptverzeichnis*

## *Dank*

Mein Dank gilt all denen, die das Entstehen dieses Bandes unterstützt, ihn mit ihren Ideen, ihrem Rat und ihrem Wissen begleitet und bereichert haben – allen voran Rahel E. Feilchenfeldt, Volker Braun, Regina Hepner, Dr. Karolina Fell, Wolfgang Immenhausen, Dr. Thomas Kaemmel, Dr. Jutta Weber, Handschriftenabteilung der Staatsbibliothek zu Berlin. Preußischer Kulturbesitz – sowie auch denen, die ihre Kleinodien zum Abdruck freigegeben haben: Volker Braun, Jüdisches Museum Berlin, Kunstbibliothek Berlin, Max Liebermann Gesellschaft e.V., Axel Springer Stiftung, Staatsbibliothek zu Berlin, Preußischer Kulturbesitz.

## *Impressum*

Herausgegeben von
Ursula Hudson-Wiedenmann,
Hurstpierpoint und Garmisch-Partenkirchen
Alle Rechte für diese Ausgabe liegen
beim vacat verlag, Potsdam und
der Herausgeberin.

Gestaltet und gesetzt von Betina Müller,
Potsdam aus Goudy und Goudy Sans
von Frederic Goudy 1915.
Gedruckt von Heenemann GmbH Berlin auf
Westminster 115 g/qm geliefert von
GeesePapier, Hamburg.
Gebunden von Buchbinderei Helm, Berlin.
Einband in Brillanta Leinen,
geliefert von Gebrüder Schabert, Strullendorf
von Buks!, Berlin.

vacat verlag,
Erste Auflage, Potsdam 2009
ISBN 978-3-930752-46-1

[ Portraitphotographie Julie Elias ]